Leben
ohne Dich –
nur wie?

Heidi Anicic

Hilfe zur
Selbsthilfe bei
Verlust
und Trauer

Leben ohne Dich – nur wie?

Ellert & Richter Verlag

7 **Vorwort** *von Klaus Obermeyer*

11 **Was uns verbindet**

14 **Dein Herz kann heilen**

17 **Dein Verlust**

20 **Deine Trauer**

32 **Deine Gefühle**

41 **Deine Bedürfnisse**

45 **Wege zur Selbsthilfe**
Wie Du Dir selbst helfen kannst

46 1. Wie überstehe ich die erste ganz schwere Zeit? Antworten aufs Weh

55 2. Braucht Trauer einen Ort?

59 3. Was möchte und kann ich loslassen? Was will ich bewahren?

61 4. Ungeklärtes lässt mich nicht zur Ruhe kommen, was kann ich tun?

63 5. Ich hätte so gerne noch etwas gesagt.

64 6. Wie kann ich jetzt auch noch anderen gerecht werden?

67 7. Ich fühle mich einfach nicht verstanden.

72 Entspannungsübung: Atempause – einen liebevollen Blick entwickeln

82 8. Wie kann ich das Verlorene um meiner selbst willen auf eine wertvolle Art sehen?

83 9. Ich muss viele Entscheidungen treffen, gerade jetzt. Wie schaffe ich das bloß?

87 10. Ich fühle mich so schwach, wo ist meine Stärke geblieben?

---

92 **Wer kann helfen, wenn ich alleine nicht zurechtkomme?**

94 Bindungs- und Interessen-Landkarte

---

98 **Deine Werte**

---

103 **Deine Zukunft**

---

109 **Die 7 Säulen der Resilienz**

---

117 **Brief aus der Zukunft an einen trauernden Menschen**

---

119 **Dein Sinn**

---

131 **Über die Hoffnung**

---

133 **Starke Botschaften an Dich**

---

136 Verwendete Literatur

Dieser Ratgeber kann und will
auf keinen Fall professionelle Beratung
oder Behandlung durch ausgebildete
und anerkannte Ärzte ersetzen.
Das schafft kein Buch, auch dieses nicht.

Vorwort

Dieses Buch nimmt uns mit auf eine Reise von der dunkelsten Finsternis zu neuem Licht.

Im Englischen gibt es die beiden Begriffe „griefing“ und „mourning“, die im Deutschen synonym mit „Trauer“ übersetzt werden und doch Unterschiedliches bedeuten. Während „griefing“ den akuten, niederschmetternden Schmerz im unmittelbaren zeitlichen Anschluss an den Verlust meint, geht es bei „mourning“ um den längerfristigen Prozess der Verarbeitung des Kummers, den anstrengenden, aber eben auch ungeheuer chancenreichen Weg zu neuer Zuversicht. Diese Entwicklung, oft als „Trauerarbeit“ bezeichnet, erfordert unser aktives Zutun.

Die akute Erfahrung von Tod und Verlust kann sich anfühlen, als gefriere alle Lebendigkeit in uns. Oft folgen bleierne Stunden des Schocks, in denen wir wie betäubt kaum etwas fühlen oder in unsagbarem Schmerz versinken. Was in diesen Abgründen wenig glaubhaft scheint, hat sich für viele Trauernde doch immer wieder erfüllt: Trauerarbeit lässt uns reifen und bringt uns an Türen, die Räume zu neuer Lebenskraft öffnen. „Des Lebens Ruf an uns wird niemals enden, wohlan denn, Herz, nimm Abschied und gesunde!“, so endet, voller Zutrauen in das Entwicklungspotenzial unserer Verluste, Hermann Hesses berühmtes Gedicht „Stufen“.

Heidi Anicic schöpft aus ihrer reichen Erfahrung als Bestatterin, Trauerbegleiterin und Beraterin. Vor allem begegnet uns die Autorin allerdings als lebenserfahrener Mensch, der seine eigenen Grenzen kennt, selber viele Täler durchschritten hat und uns in anrührender Großzügigkeit an diesem gelebten Leben teilhaben lässt. Wir werden nie belehrt oder mit rein technischen Rezepten überzogen. Eher treten wir in eine Zwiesprache mit der Autorin ein, die uns ihre Erfahrungen und Fragen im vollen Respekt vor der Einzigartigkeit jeder Leserin und jedes Lesers als warmherzig solidarische Denkanstöße zur Verfügung stellt. So wird dieses Buch zu einem wertvollen Begleiter für alle, die Trauer tragen. Trauer um geliebte Menschen oder Trauer über andere Verluste, Schicksalsschläge und Zumutungen, die uns widerfahren.

Tod und Sterben, aber auch die „kleinen Tode“, die mit vielfältigen Enttäuschungen des Lebens einhergehen, sind im großen existenziellen Bogen dieses Buches gleichermaßen aufgehoben. Die Zeit heilt, darauf weist Heidi Anicic zu Recht hin, nicht alle Wunden. Die hier vorgestellten Gedanken und Übungen machen uns die Zeit allerdings zur Verbündeten auf dem Weg zu einem neuen, veränderten Lebenshorizont. Sie stärken unsere Hoffnung, dass es möglich scheint, Abschied bewusst zu gestalten und dabei neues Leben zu gewinnen.

Ich wünsche Ihnen Hoffnung, Kraft und Zuversicht für die zugleich schmerzliche und kostbare Forschungsreise durch die Trauer. Möge dieses Buch dabei an Ihrer Seite sein.

Klaus Obermeyer
Diplompsychologe, Psychotherapeut
und systemischer Berater

Für meine Mama

Was uns verbindet

Manchmal ist es Bestimmung, manchmal sind es Erwartungen oder praktische Erwägungen, die uns entscheiden lassen, wie wir unser Leben gestalten. Bei mir war es wohl von allem ein bisschen. Und so begann ich 1990 unser Bestattungsunternehmen in Hamburg zu führen, nach Großvater und Vater in der dritten Generation.

Bis heute habe ich jede erdenkliche Art von Schmerz und Trauer kennengelernt. Ich habe Hinterbliebene durch dunkelste Täler und schlimmste Verzweiflung geleitet und unermessliche Traurigkeit und Ratlosigkeit miterlebt.

Dabei wurde mir immer bewusster, wie wichtig einfühlsame Begleitung auch nach der Beerdigung ist, wenn alles Notwendige geregelt wurde. Oft tut sich dann ein tiefer Abgrund aus Leere auf. Plötzlich wird erwartet, dass man wieder „normal funktionieren“ soll, obwohl man doch gerade dabei ist, sich von der ersehnten Zukunft und seinen Lebensplänen zu verabschieden.

Wer gesteht heute noch jemandem Trauerzeit zu? Schmerz und Verlust haben in unserer Spaßgesellschaft offenbar nichts zu suchen. Damit meine ich nicht nur den Verlust durch einen Todesfall. Eine Trennung, ein Beziehungsabbruch, der Verlust des Arbeitsplatzes oder auch eine schwere Enttäuschung, vielleicht verbunden mit der Erkenntnis, dass ein Stück vermeintliche Sicherheit abhanden gekommen ist, können als genauso schmerzhaft und einschneidend erlebt werden. Tiefe Trauer, Verzweiflung und Hoffnungslosigkeit können verschiedenste Gründe haben.

Wer hilft Dir dann? Oder wie kannst Du Dir selbst helfen?

In Zeiten, in denen Du eine tiefe Sinnlosigkeit spürst und eine akute Krise durchlebst, sollten neben Partner, Familie, lieben Freunden oder anderen Menschen, die mit Feingefühl und Empathie gesegnet sind, Deine ersten Vertrauens- und Hilfspersonen, Dein Hausarzt, ein Therapeut oder ein Seelsorger sein.

Ich selbst bin keine Psychologin und kein Arzt – nur ein Mensch, der viel ertragen musste und bis heute versucht, für sich so viel Gutes wie nur möglich aus allen Erfahrungen zu schöpfen. Was habe ich nicht schon alles durchgemacht: Ich musste den Suizid meines Vaters, wenige Wochen nachdem ich im Unternehmen angefangen hatte, verkraften, vier Fehlgeburten, eine davon sehr spät, Beziehungsabbrüche mit engsten Familienangehörigen, um nur die schmerzhaftesten Verluste zu nennen.

Ich möchte Dir erzählen, wie ich es geschafft habe, meine Kraft, die Zuversicht, meine Hoffnung und sogar den Humor nicht zu verlieren, weil ich glaube, Dir durch diese Erlebnisse und durch meine Erfahrungen und die meiner Klienten wertvolle kleine Hilfestellungen auf Deinen Weg mitgeben zu können.

Es hat mir in schweren Zeiten immer geholfen, mir einen Blick nach innen zu erlauben und mich zu fragen, was ich brauche, genau jetzt. Was oder wer mir gerade jetzt helfen kann. Manchmal kann das auch nur ein Innehalten sein.

Vielleicht geschieht das auch gerade jetzt mit Dir, während Du das Buch in Deiner Hand hältst.

Ja, ich erlaube mir, Dich zu duzen, liebe Leserin, lieber Leser. Denn ich möchte zu Dir eine Verbindung aufnehmen. Ich möchte Dir sagen: Es gibt Hoffnung. Auch in dieser Zeit voller Schmerz. Da ist ein Hoffnungsschimmer, ein zartes Licht, das Dir zeigt: Es geht weiter, ganz anders, als Du glaubtest, aber es geht weiter.

Heidi Anicic

Dein Herz kann heilen

Uns Menschen eint vieles, wenn wir einen Verlust erlitten haben. Unsere Gefühle, Wünsche und Bedürfnisse ähneln sich in einer solchen Zeit. Ihre gefühlte Intensität und Dauer kann sehr unterschiedlich sein, doch sie sind immer da, in uns allen.

Dabei ist es fast unerheblich, auf welche Art wir etwas oder den anderen verloren haben, ob durch Tod, durch Verlassen- oder Hinausgeworfen-Werden oder dadurch, dass wir selbst gegangen sind. Jemanden oder etwas zu verlieren, der oder das uns viel bedeutet hat, ist einer der schwersten Einschnitte in unserem Leben. Innere und äußere Kämpfe, Unsicherheiten, Verletzbarkeit, der Schmerz, einen lieben Menschen zu vermissen, die Notwendigkeit, plötzlich auf sich allein gestellt zu sein – all das kann schlagartig auf uns einstürzen und uns hilflos zurücklassen.

Manche von uns teilen ihre Emotionen mit anderen, leben alles aus, andere nicht. Das eine muss nicht gut sein, das andere muss nicht schlecht sein. Für einige fühlt es sich nach einem Verlust an, als wären sie im Auge eines Orkans. Innerlich scheint alles stillzustehen, während im Außen alles tobt.

Manchen Menschen fällt es innerlich und äußerlich schwerer als anderen, mit einem Verlust umzugehen. Der Zugang zu ihren Gefühlen mag für sie schwieriger sein. Bisweilen stehen auch angeeignete Überzeugungen, sogenannte Glaubenssätze, dem entgegen. Hat man nicht gelernt, dass man sich im Leben eben immer „durchbeißen" muss oder „bloß keine Schwäche zeigen" darf? Dass ein Junge nicht weint und man immer stark sein muss, haben viele von uns verinnerlicht. Solche Überzeugungen, die wir kaum beachten und selten hinterfragen, können das Verarbeiten von Trauer und das Wahrnehmen von Gefühlen empfindlich behindern.

Wenn aber Vernunft, Verstand und Disziplin nicht weiterhelfen, können sich Ratlosigkeit, Verunsicherung und Niedergeschlagenheit ausbreiten. Die Wucht der Erlebnisse trifft uns dann besonders hart.

Ich habe Gefühlen und Bedürfnissen einen besonderen Platz in diesem Buch eingeräumt und ebenso dem Weg, wie es möglich ist, ihnen die Beachtung zu geben, die sie jetzt brauchen. Gefühle besitzen eine wirkungsvolle, positive Kraft, die man in einer Situation des Verlusts dringend nötig hat.

Vielleicht ist Dir schon einmal aufgefallen, dass es Menschen gibt, die selbst schwierigste Situationen meistern, ja manchmal sogar gestärkt aus ihnen hervorzugehen scheinen. Diese Menschen sind mit etwas gesegnet, das man Resilienz nennt. Es handelt sich dabei um eine innere Widerstandsfähigkeit, eine Art seelisches Immunsystem, das bei ihnen gut funktioniert und auf das Verlass ist, wenn die Anspannung besonders groß ist.

Die gute Nachricht lautet: Wir alle besitzen dieses innere Potenzial. Wir können es stärken und aufbauen, auch in Zeiten des Verlusts und des Umbruchs.

Ich möchte Hoffnung in Dir wecken. Du kannst auch in allerschwersten Zeiten Dein Leben irgendwann wieder bewusst selbst gestalten.

Erfahrungen, die wir machen, stimmen nie genau mit denen von anderen überein. Wenn Du denkst: „Nein, bei mir ist es ganz anders, ich fühle mich nicht so, mir hilft das auf diese Art nicht“, dann hast Du schon begonnen, Dir über Deinen ganz persönlichen Verlust und Deine damit verbundenen Bedürfnisse Gedanken zu machen. Du kannst überlegen, was Dir wirklich helfen könnte. Was Du stattdessen möchtest.

Wozu ich Dich anregen möchte: Bleibe ganz bei Dir.

Ich verspreche Dir keinen leichten Weg, vieles wird von Deiner Bereitschaft und Deinem Willen abhängen; nur so viel: Unterschätze niemals Deine Selbstheilungskräfte. Dein Körper kann heilen, Dein Herz kann es auch.

Dein Verlust

Dein Verlust ist einzigartig. Du machst Deine ganz persönliche Krise durch, keiner kann wirklich nachvollziehen, wie es Dir gerade geht. Vielleicht kam Dein Verlust ganz plötzlich und unangekündigt. Vielleicht hast Du bereits eine lange Zeit des schrittweisen Abschieds hinter Dir, möglicherweise sogar ein langes, schmerzhaftes Sterben zuvor.

Nun bist Du hier in der „Zeit danach" angekommen. Vielleicht fühlt es sich für Dich so an: Eine neue Zeitrechnung hat für Dich begonnen. Du stehst vor einer Zeit davor und einer Zeit danach. Die Zeit mit einem Menschen, in einer Situation – und nun ohne ihn, ohne sie. Vielleicht fragst Du Dich, wie Du es jemals schaffen kannst, diese neue Lebenssituation zu akzeptieren.

Du ahnst es bestimmt schon: Das anzunehmen, was geschehen ist, geht meistens sehr, sehr langsam, Schritt für Schritt. Du brauchst viel Geduld, Geduld mit Dir und Deiner Umgebung. Das Loslassen braucht manchmal viel mehr Energie und Zeit als das Festhalten.

Und auch wenn es viele sagen: Die Zeit heilt nicht alle Wunden, manche Narben bleiben ein Leben lang. Aber der Schmerz wird Stück für Stück erträglicher. Deshalb kann die Zeit für Dich eine hilfreiche Verbündete sein.

Nie werde ich einen meiner schlimmsten Hausbesuche als Bestatterin vergessen. Ich war vielleicht sechsundzwanzig oder siebenundzwanzig Jahre alt, als ich in ein Trauerhaus gerufen wurde. Eltern hatten ihre Tochter verloren. Das Überleben des eigenen Kindes, eine der allerschlimmsten Erfahrungen überhaupt. Die Mutter, sie stand noch komplett unter Schock, erzählte mir, dass ihre Tochter gerade vor einer wichtigen Universitätsprüfung stand, als sie zu den Eltern zu Besuch kam. Sie, die Mutter, habe in der Küche gestanden, um Kaffee zu kochen, während die Tochter ein Bad nahm. Als sie gerade Kuchenstücke auf eine Platte legte, fiel plötzlich der Strom aus. Sie erzählte, wie sie nach oben ins Bad eilte und ihre Tochter in der Badewanne fand. Sie hatte sich mit einem eingeschalteten Fön das Leben genommen.

Wie überlebt man eine solche Katastrophe? Was hilft den Eltern, den Geschwistern, den Freunden, den Nachbarn, allen Betroffenen, die fassungslos vor so einer Tragödie stehen und unsagbar leiden?

Darauf gibt es keine einfache Antwort. Selbst die kleinste Erleichterung kann in solchen Lebenskrisen zunächst fast undenkbar, wie ein Verrat empfunden werden. Leidtragende – ich mag dieses alte Wort, es trifft das Gefühl vieler Trauernder genau – berichten mir in der Trauerbegleitung von ganz unterschiedlichen Arten der Hilfe, die wirklich bei ihnen angekommen sind.

Das kann ein Mensch sein, der einfach nur zuhört, der das Furchtbare wortlos erträgt, mitträgt und dadurch Schmerz abnimmt. Oder es sind Freunde und Nachbarn, die ganz normale Dinge wie Kochen, Putzen, Einkaufen ungefragt übernehmen.

Manche suchen die Einsamkeit in der Natur, um den Schmerz laut hinauszuschreien oder um ganz still und in Gedanken bei dem Fehlenden zu sein. Vielen hilft Schreiben sehr, das Festhalten von Erinnerungen, von Erfahrungen. Andere suchen und finden Kraft durch ihren Glauben und im Gebet, wieder anderen hilft es zu malen oder sie finden Trost in Bewegung, durch Meditation oder in Gruppen im Austausch mit anderen, die Ähnliches durchleben oder durchlebten.

Manchen hilft heute auch der Zuspruch in sozialen Netzwerken – auch wenn das eigentlich Fremde sind, können sie Kummer auf verblüffend feinfühlige Art miteinander teilen und sich so gegenseitig unterstützen.[1]

Was immer Dir hilft – nimm es dankbar an, Du kannst dadurch anfangen zu heilen, Schritt für Schritt, Stück für Stück.

[1] Erste Impulse können meine „Wege zur Selbsthilfe“ geben, die Du etwas später in diesem Buch kennenlernst.

Deine Trauer

Deine Trauer ist ein Zeichen Deiner Liebesfähigkeit, sie ist der Preis für Deine emotionale Verbindung zu dem Verlorenen. Sie zeigt Dir, wie wichtig dieser eine Mensch oder dieser Bestandteil Deines Lebens für Dich war, wie unersetzlich.

Häufig höre ich Sätze wie: „Als wäre ein Teil von mir gegangen", „Sie wurde mir entrissen" oder „Ich fühle mich wie verwundet." Sie zeigen, wie schmerzhaft sich dieses Gefühl, dieser Prozess seelisch und körperlich anfühlen kann. Dabei muss die Beziehung keineswegs nur unproblematisch und voller Wonne gewesen sein, nein, komplizierte Verbindungen machen uns nach dem Verlust zuweilen besonders schwer zu schaffen.

Wir spüren eine Machtlosigkeit gegenüber der Endgültigkeit des Todes, des Verlassen-Werdens oder des Fallengelassen-Werdens, die mit nichts zu vergleichen ist. Gleichwohl sagt die Intensität Deiner Trauer, innerlich oder äußerlich, nichts über den Wert, den der oder das Verlorene für Dich hatte. Wenn Du nicht ständig von tiefer Traurigkeit erfüllt bist, bedeutet das keinesfalls einen Mangel an Wertschätzung.

Es gibt in Deiner Trauer kein Richtig oder Falsch. Wie Du Deinen zukünftigen Weg meisterst, das entscheidest ganz allein Du. Nichts „muss" oder „sollte" – es kann oder darf. Oder auch nicht. Du kannst aus der Trauer heraus eine innere Haltung entwickeln, die für Dich hilfreich sein kann.

Deine Trauer darf unabhängig sein von den Erwartungen anderer. Keiner bestimmt darüber, wie intensiv Du trauerst oder auch nicht. Wie und ob Du Deine Empfindungen mit anderen teilst oder auch nicht.

Trauer nach einem Verlust ist selten ein Zustand, der uns alleine betrifft. Meistens gibt es neben uns andere, die ebenfalls betroffen sind. Häufig sind dann Zusammenhalt und gemeinsames Betrauern und Erinnern eine große Stütze.

Manche sagen: „Der beste Weg aus der Trauer führt mitten in sie hinein." Gemeint ist damit auch, einen Schmerz, den niemand fühlen möchte, wirklich zuzulassen. Andere Kulturen verfügen über Trauerrituale, die genau das herbeiführen sollen.

In Teilen Asiens wird der älteste Sohn nach dem Tod des Vaters tagelang von der Familie isoliert. Er schläft allein, bereitet sich seine Mahlzeiten allein zu, isst allein und vollzieht tägliche Reinigungs- und Gebetszeremonien. Alles in bewusster Zurückgezogenheit, ohne

Möglichkeit der Ablenkung von seiner Trauer, seinem Verlust.

Im Westen meiden wir häufig die Begegnung mit uns selbst, wir wagen uns nicht in den Schmerz. Nur: Der Schmerz ist in uns. Irgendwann ist er in jedem von uns. Und dann braucht er die Achtung, die er verdient. Genau wie die Trauer.

Bestimmt hast Du schon von Trauerphasen gehört. Ich möchte Dir die vier Phasen der Trauer nach Verena Kast vorstellen.

Verena Kast, eine Schweizer Psychologin, bezieht ihre Erkenntnisse auf die Trauer nach dem Verlust eines nahen Menschen. Ich habe die Erfahrung gemacht, dass sie auch die Empfindungen und das Erleben von Menschen widerspiegeln können, die sich auf andere Art plötzlich auf sich allein gestellt fühlen. Vielleicht, weil sie von einem geliebten Menschen verlassen wurden, weil sie eine Kündigung erhalten haben oder auf andere Art unvermittelt zu einer gravierenden Veränderung in ihrem Leben gezwungen wurden.

Vielleicht findest Du Dich hier wieder.

Meine Erfahrungen als Bestatterin und einige Erlebnisse aus meinen eigenen Krisenzeiten habe ich an einigen Stellen hinzugefügt.

Die Phase des Nicht-Wahrhaben-Wollens

Die Reaktion auf den eingetretenen Verlust ist von Mensch zu Mensch unterschiedlich, doch viele reagieren in dieser ersten Phase schockiert, verstört und verzweifelt. Sie wollen das Unabänderliche nicht wahrhaben, sie leugnen es geradezu. Der Schock kann so tief gehen, dass man starke körperliche Reaktionen zeigt wie einen beschleunigten Pulsschlag, Schwitzen, Übelkeit oder Erbrechen. Manche werden apathisch und erstarren geradezu, andere sind aggressiv und aufgebracht.

Dies kann einige Stunden, manchmal auch bis zu einer Woche dauern. In dieser Zeit brauchen wir besonders viel Unterstützung, da neben der emotionalen Belastung auch alle alltäglichen Dinge auf uns einstürzen. Wenn Du in dieser Phase bist: Lass Dir Zeit.

Wenn ein Dir wichtiger Mensch gestorben ist: Lass Dir Zeit mit Deinem Verstorbenen. Keiner sollte Euch zu früh trennen, bevor Du dazu bereit bist.

Lass Dir Zeit für nötige Entscheidungen, lass Dich nicht unter Druck setzen. Es gibt jetzt keine Eile mehr.

Und lass Dir helfen. Familie, Freunde, Dein Hausarzt oder Dein Seelsorger sind jetzt Deine Begleiter, die Dir wertvolle Hilfe leisten können.

Im Todesfall wird Dein Bestatter Dir alles Nötige an Formalitäten abnehmen, er wird Terminabsprachen für Dich machen und Dir zur Seite stehen.

Wenn Du durch ein Unglück, einen Unfall oder freiwillig verlassen wurdest, ob durch Suizid oder Beziehungsabbruch, bringt das eine besondere Schwere für Dich in diese Phase, der Schock kann sehr tief und schmerzhaft sein.

Auch wenn es Dir gerade jetzt schwerfällt: Nimm angebotene Unterstützung an, sprich mit Deinem Arzt, einem Berater oder suche Dir einen anderen hilfreichen

Menschen aus Deinem Umfeld (siehe auch das Kapitel „Wer kann helfen, wenn ich alleine nicht zurechtkomme?“). Du musst da jetzt nicht alleine durch.

Sechs Wochen nachdem ich meine Arbeit in unserem Familienunternehmen begonnen hatte, nahm sich mein Vater in der Wohnung neben unserem Büro das Leben. Selbst an diesem Tag habe ich weitergearbeitet, habe mit Polizeibeamten gesprochen, mit Kunden telefoniert – ich stand dabei komplett neben mir, beherrscht, freundlich, kompetent, innerlich aber vollkommen leer und geschockt. Ich war wie in Trance, habe aber dennoch funktioniert, wie unter einer Glocke. Selbst als mich jemand nur ein paar Tage später, wieder bei einem Hausbesuch, beiläufig fragte: „Ach, war das Ihr Vater, der sich da neulich erschossen hat?“, habe ich ruhig reagiert, höflich wie immer. Heute ist das für mich unfassbar, ich war damals sechsundzwanzig Jahre alt. Wie konnte ich all das schaffen? Wie konnte ich die Folgen erdulden? Wie verkraftet man das?

Wie wir auf einen solchen Verlust reagieren, ist von Mensch zu Mensch verschieden. Ich habe irgendwie weiter „funktioniert“, manche sind in ähnlich leidvollen Momenten ganz erstarrt in ihrem Schmerz, wieder andere haben andere Wege, mit dem Schrecken umzugehen.

Auch wenn man das in einem solchen Moment kaum glauben kann: Durch unser Verhalten und unsere Bewältigungsstrategien gewinnen wir an Lebenserfahrung, was uns dabei helfen kann, das Unsagbare zu verarbeiten. Wir können Stärke gewinnen für zukünftige Tiefschläge im Leben.

Die Phase der aufbrechenden Emotionen

In dieser Zeit bahnen sich Gefühle ihren Weg, und die allermeisten Experten raten dazu, ihnen freien Lauf zu lassen. Schmerz, Wut, Freude, tiefe Niedergeschlagenheit, Angst, Schuld – all das kann mit mehr oder weniger starker Wucht hochkommen.

Es kommt vor, dass wir in dieser Phase unseren Zorn gegen andere richten oder auch gegen uns selbst. Schuldzuweisungen können eine Reaktion sein auf unsere Ohnmacht, die wir uns nur schwer eingestehen können.

Verena Kast: „Um wirklich fruchtbringend trauern zu können, das heißt, um alte Verhaltensmuster aufbrechen und neue Verhaltensmuster entstehen zu lassen, scheint es für neue Beziehungs- und Lebensmöglichkeiten keinen anderen Weg zu geben, als dieses wechselnde Emotions-Chaos durchzuhalten, auszuhalten. Das Emotions-Chaos ist ein Bild für das Chaos ganz allgemein, in dem Altes verschwindet und Neues sich bilden kann."

Rechne mit einigen Wochen oder mehreren Monaten für diese Phase. Gib Dir Zeit, hab Geduld.

Bei mir hat diese Phase sehr lange gedauert, da ich eben nicht die Zeit hatte oder nicht meinte, mir die Zeit nehmen zu dürfen, meinen Gefühlen freien Lauf zu lassen. Was für eine Zumutung an mich selbst aus heutiger Sicht! Ich spüre selbst nach vielen Jahren der Trauerarbeit mit mir und mit anderen, wie manchmal ungebremst Traurigkeit, Schmerz oder Wut in mir hochkommen und dass ich dann viel Zeit für mich allein brauche, um nicht komplett von den Gefühlen überschwemmt zu werden. Oder um die Überschwemmung zuzulassen und sie als Reinigung zu empfinden. Heute versuche ich, mir genau anzuschauen, woher diese Gefühle gerade in diesem Moment kommen und was sie mir sagen wollen. Das ist auch für mich als „Trauerprofi" manchmal unsagbar schwer, also hab umso mehr Geduld mit Dir und Verständnis für Dich selbst.

Mein allererster Hausbesuch als Bestatterin führte mich zu einer Dame, deren Mann nach fast sechzig gemeinsamen Jahren nach kurzer, qualvoller Krankheit verstorben war. Die Witwe war von der ersten Minute unseres Beisammenseins an in Tränen aufgelöst. Ihr heftiges Schluchzen, ihre abgrundtiefe Trauer und Verzweiflung waren für die junge Frau, die ich damals war, schwer mitzuerleben. Ich war die, die jetzt eigentlich professionell einen klaren Kopf behalten sollte. Jedes Angebot von mir, am nächsten oder übernächsten Tag wiederzukommen, wurde abgelehnt. Ich saß also minutenlang nur wortlos auf dem Sofa neben ihr. Irgendwie haben wir dann das, was gerade unaufschiebbar war, besprochen. Wieder zurück in meinem Büro, war ich absolut sicher, völlig ungeeignet und überfordert zu sein. Ich würde es, dachte ich, niemals ertragen können, wenn das immer so wäre. Eine Woche später, nach der Beisetzung, dankte mir die Witwe auf das Allerherzlichste und erzählte, wie viel es ihr bedeutet hatte, jemanden bei sich zu haben, der einfach nur zuhörte. Wie gut es ihr tat, so hemmungslos weinen zu dürfen und weinen zu können. Ihr ganzes gemeinsames Leben lang, bis zum schmerzhaften Ende an der Seite ihres Mannes, hätte sie sich das nicht erlauben können.

Die Phase des Suchens und Sich-Trennens

Wenn wir etwas verloren haben, suchen wir. Wir suchen nach dem Verlorenen, dem gemeinsamen Leben, dem zusammen Erlebten. Wir führen innere Zwiegespräche und beschäftigen uns intensiv mit dem, was wir verloren haben.

Durch diese intensive Auseinandersetzung entsteht oft ein starkes Begegnungsgefühl. Das kann sehr schmerzhaft sein und doch schön zugleich. Im Verlaufe dieses eindringlichen Suchens, Findens und Wieder-Trennens kommt einmal der Augenblick, wo man die innere Entscheidung trifft, wieder ja zum Leben und zum Weiterleben zu sagen oder aber in der Trauer zu verharren.

Diese Phase kann Wochen, Monate oder noch länger dauern.

Ich vermisse meinen Vater noch immer sehr. Wenn ich an ihn denke, erfüllt mich das oft mit einer großen Traurigkeit, auch jetzt gerade, beim Schreiben, muss ich weinen. Mir fällt es noch heute, nach so vielen Jahren, unsagbar schwer, Fotos von ihm anzuschauen. Sehr lange empfand ich mich durch seinen Entschluss, seinem Leben ein Ende zu setzen, zum Opfer gemacht. Ich kann und will das nicht schönreden. So hat es sich für mich angefühlt, und das tut es manchmal auch heute noch. Doch dann kommen auch wieder Momente der ungeheuren Dankbarkeit für alles, was er mir gegeben hat. Für jeden Tag, den er für mich da war, für seine Liebe und Güte. Für alles, was er mit mir unternommen hat, die vielen gemeinsamen Reisen, für jeden erfüllten Wunsch. Ich möchte meinen Vater nicht reduzieren auf seine letzten Stunden, auf diese letzte Tat. Ich möchte den ganzen Menschen würdigen und die Erinnerung an wunderbare gemeinsame Zeiten genießen und in Ehren halten. Trotz oder gerade wegen meiner tiefen Trauer, weil er so oft fehlt, weil er freiwillig, so früh und ohne ein Wort von uns gegangen ist.

Ganz gleich, was man über die Trauer und ihre Phasen sagt: Manche Trauer endet nie, egal wie gerne man sie loslassen würde. Ich kann für mich nur sagen: Meine Trauer um alle, die ich verloren habe, ist und bleibt ein Teil von mir. Ich akzeptiere das. Da wird immer diese Lücke bleiben, ich werde mich nie ganz trennen wollen.

Dietrich Bonhoeffer (1906 – 1945) fasste seine Gedanken in diese wunderbaren Worte: „Es gibt nichts, was uns die Abwesenheit eines uns lieben Menschen ersetzen kann und man soll das auch gar nicht versuchen; man muss es einfach aushalten und durchhalten; das klingt zunächst sehr hart, aber es ist doch zugleich ein großer Trost; denn indem die Lücke wirklich unausgefüllt bleibt, bleibt man durch sie miteinander verbunden. Es ist verkehrt, wenn man sagt, Gott füllt die Lücke aus; er füllt sie gar nicht aus, sondern er hält sie vielmehr gerade unausgefüllt und hilft uns dadurch, unsere echte Gemeinschaft – wenn auch unter Schmerzen – zu bewahren."

Die Phase des neuen Selbst- und Weltbezugs

Verena Kast: „Ist einmal die Such- und Trennphase in ein Stadium gekommen, in dem sie nicht mehr das gesamte Sinnen und die gesamte Phantasie des Trauernden beansprucht, dann kann die Phase des neuen Selbst- und Weltbezugs einsetzen. Voraussetzung dafür ist, dass der Verlorene nun eine ‚innere Figur' geworden ist: sei [...] es als eine Art innerer Begleiter, der sich auch wandeln darf, sei es, dass der Trauernde spürt, dass vieles, was er zuvor in der Beziehung gelebt hatte, nun seine eigenen Möglichkeiten geworden sind."

Langsam kehren innere Ruhe und Frieden zurück, der Verlorene hat seinen neuen Platz im Leben gefunden. Die Erkenntnis, dass das Leben ohne ihn weitergeht, und die Übernahme der Selbstverantwortung für eben dieses neue Leben wird akzeptiert und angenommen. Pläne für die Zukunft können jetzt gemacht werden.

Der Trauerprozess hat Spuren hinterlassen, die Einstellung des Trauernden zum Leben hat sich meist völlig verändert. Der Verlorene bleibt ein Teil dieses Lebens und lebt weiter in den Erinnerungen und im Gedenken. In dieser Phase brauchen wir immer weniger Unterstützung von außen und sind selbst wieder in der Lage, unser Leben zu meistern. Wir finden zurück zu dem Mut, uns auf andere tiefer einzulassen, auch wenn uns nun bewusst ist, dass man sie wieder verlieren kann.

Es kann sein, dass man innerhalb dieser Phasen gefühlte Rückschläge erlebt. Eben dachtest Du noch, Du wärst schon sehr weit, es wird wieder leichter, und schon wirft Dich etwas unvermittelt aus der Bahn. Sei geduldig mit Dir, das ist völlig normal. Du bist ein trauernder Mensch, keine Maschine.

Und es ist auch in Ordnung, wenn die Trauer ein Teil von Dir bleibt, Du es aber schaffst, Dich nicht von ihr beherrschen zu lassen. Dein zukünftiges Leben soll für Dich und andere lebenswert sein.

Solltest Du jedoch immer wieder das Gefühl haben, dass Du es niemals schaffen wirst, mit Deiner neuen Lebenssituation friedvoll leben zu können, und dass der Verlust auch nach über einem Jahr fast ausschließlich bestimmend für Dein Leben ist, dann solltest Du Dir möglichst frühzeitig professionelle therapeutische Unterstützung suchen.

Kein Mensch schafft alles allein.

Deine Gefühle

*„Behüte dein Herz mit allem Fleiß,
denn daraus quillt das Leben."*
Sprüche 4,23

In leidvollen, verunsichernden Zeiten erleben wir Menschen häufig eine wahre Gefühlsachterbahn. Schaue Dir einmal in aller Ruhe an, was Emotionen und Gefühle eigentlich sind. Emotionen sind, einfach gesagt, unsere körperlichen Reaktionen auf einen äußeren Reiz. Das Gefühl ist das Bewusstwerden einer Emotion, es entsteht, während unser Gehirn die Reaktion unseres Körpers verarbeitet. Ein Gefühl ist also eine geistige Reaktion, ein Gemütszustand, eine Bewegtheit und hängt von Deinen Gedanken über eine Situation ab. Auch die Weise, wie wir Situationen, Ereignisse oder das Verhalten anderer bewerten, entscheidet über die Art und Intensität unserer Gefühle.

Vielleicht ist es Dir gerade wirklich egal, ob das, was Du spürst, eine Emotion oder ein Gefühl ist – ich möchte Dir nur bewusst machen, dass es diesen Unterschied gibt. Eine Freundin hat es einmal so ausgedrückt: „Die Trauer ist über mich gekommen, hat mich überschwemmt, ich war wochenlang wie erstarrt, mir war ständig eiskalt. Nun, nach einiger Zeit, kommen und gehen Trauer und Traurigkeit. Ich kann mich meiner Trauer viel bewusster stellen und die Traurigkeit zulassen. Weil ich weiß, das ich mich wieder besser fühlen kann und darf.“

Ich möchte hier nicht einteilen in sogenannte positive oder negative Gefühle, denn ich denke, alle Emotionen und Gefühle sind wichtige Signale. Sie sind Deine inneren Helfer, die freundlich empfangen werden dürfen.

Ein wichtiger Impuls vorweg: Deine Gefühle müssen nicht zu dem passen, was Du glaubst, fühlen zu müssen. Bewerte Deine Gefühle nicht, versuche sie nur zu erkennen und jedes anzuerkennen.

Einige der Emotionen und Gefühle, die Dir in der einen oder anderen Form in dieser Zeit begegnen können, sind: Angst, Trauer, Scham, Wut, Schuld und Freude.

Die Angst

Tatsächlich ist Angst das Gefühl, dass Dich jetzt besonders bewegen kann. Wie soll es weitergehen ohne den Verlorenen oder das Verlorene, wie schaffe ich es, anders weiterzuleben? Wie soll ich jetzt alles bewältigen, was auf mich einstürzt? Wie gehe ich mit anderen um und sie mit mir? Das sind vielleicht Fragen, die Du Dir stellst und die Dir jetzt besonders viel Angst machen. Hinzu kommen die Gedanken an die Zukunft, was sich alles ändern wird, was nicht mehr so ist, wie es war oder wie es hätte werden sollen. Und Gedanken an all das, was jetzt auf Dich zukommt.

Du kannst lernen, die Gefühle, die in Dir auftauchen, bewusst zu erkennen und sie anzunehmen. Auch die Angst.

Den meisten hilft es, sich das Gefühl bewusst vor Augen zu führen, welches sie in einem bestimmten Moment am stärksten beherrscht. Versuche doch einmal, es gedanklich neben Dich zu stellen und freundlich zu begrüßen, also beispielsweise: „Hallo Angst. Was willst Du mir heute sagen, wozu kannst Du jetzt gut sein?" Dann höre in Dich hinein, was Du Dir selber rätst.

Selbst in allerschwersten Zeiten kann so ein achtsamer Umgang mit Deinen Gefühlen hilfreich sein. Ich habe es selbst an mir erlebt, und es hat mir geholfen. Weil ich mir unbedingt selbst helfen wollte, weil ich heilen wollte.

Die Trauer

Trauer ist wahrscheinlich der Hauptgrund, warum Du diesen Ratgeber in Händen hältst. Deine Trauer ist ein Gefühl, das Dich zu Boden drücken kann und wieder andere Gefühle in Dir auslöst. Ohnmacht geht oft einher mit Trauer. Dieses bedrückende Gefühl, machtlos zu sein, die Kontrolle verloren zu haben, kann enormen Stress in uns auslösen, wenn wir es uns nicht genauer ansehen.

Deine Trauer ist wie jedes andere Gefühl für Dich wichtig und heilsam, auch der damit verbundene Schmerz. Die Trauer wird nicht einfach vergehen, Du kannst sie Dir nicht wegwünschen. Aber Du kannst sie, wie jedes andere Gefühl, wertschätzen und aufmerksam und achtsam betrachten. Indem Du den Schmerz, der mit der Trauer einhergeht, aushältst, kannst Du den Schmerz verändern, nicht wenn Du ihn verleugnest. Versuche ein paar Mal am Tag innezuhalten, atme bewusst tief ein und aus und versuche zu fühlen, was Dir Deine Trauer rät. Ich bin überzeugt davon, dass alles in Dir es gut meint mit Dir. Sowohl Deine Gefühle wie auch Deine Gedanken. Sei auch Du so wohlwollend mit Dir.

Die Scham

Sich in Zeiten eines Verlusts zu schämen, ist ein sehr beklemmendes Gefühl, kommt aber häufig vor. Scham ist ein soziales Gefühl, wir möchten uns regelkonform verhalten und fürchten, wegen vermeintlichen Fehlverhaltens aus der Gemeinschaft ausgeschlossen zu werden. Manche Menschen schämen sich ihrer Trauer, ihrer Tränen oder weil sie möglicherweise bedauern, nicht optimal zu funktionieren. Oder weil sie gar nicht so traurig sind, der Verlust vielleicht sogar als Erleichterung wahrgenommen wird. Das alles kann sehr belastend sein.

Tränen sind ein Frostschutzmittel unserer Seele. Sie fließen zu lassen, kann Dich vielleicht erleichtern. Und wenn Du nicht so trauerst, wie andere es möglicherweise von Dir erwarten, dann ist das auch okay. Du wirst Deine Gründe haben.

Die Wut

Oh ja, die kann Dich jetzt gewaltig packen! Wut auf die ganze unzumutbare Situation, auf Ärzte, Pflegepersonal, Bestatter, Familienangehörige, Freunde, die Verlorene oder den Verlorenen (die Wut und die Aggressionen, die jetzt so seltsam ins Leere gehen ...) oder auch auf Dich selbst.

Wut ist schwer zu kontrollieren, da wir häufig davon überrollt werden und wütend reagieren, bevor wir uns dieses Gefühl näher betrachten konnten. Es bedarf Arbeit und Übung, die Gründe für Deine Wut zu erkennen (häufig ist Furcht ein Auslöser – überlege einmal, ob Du Dich vor etwas fürchtest, wenn Du wütend wirst), nur ist jetzt kaum die Zeit, um zu lernen, wie Du sie zügeln kannst. Womöglich hilft Dir etwas anderes: Lasse sie heraus. Vielleicht schaffst Du es, sie anderen nicht direkt an den Kopf zu schleudern (möglicherweise sind sie ähnlich betroffen wie Du), sondern Du gehst damit in die Natur und lässt ihr dort freien Lauf. Danach ist es vielleicht leichter für Dich, Deine Wut in Ärger zu verwandeln, der sich besser kommunizieren lässt.

Die Wut, wie viele andere starke Gefühle, entsteht durch unerfüllte Bedürfnisse. Und über die solltest Du in aller Ruhe nachdenken und sie anderen friedlich mitteilen.

Die Schuld und die Reue

In Zeiten des Verlusts sind Schuldgefühle und Reue mit am schmerzlichsten. Die Machtlosigkeit ob der Unmöglichkeit, Dinge noch ins Reine bringen zu können, etwas „gutzumachen", kann niederschmetternd sein. Das, was unterlassen wurde, ist nun unumkehrbar geworden. Das gilt für beide Seiten. Selbst die Tatsache, überlebt zu haben, während der Andere sein Leben lassen musste, kann Schuld in uns hervorrufen.

Du, aber auch der Verlorene, Ihr könnt Euch beide schuldig gemacht haben. Typische Gedanken in einer solchen Situation: „Hätte ich doch bloß nicht ...", „Könnte ich doch noch ...", „Hätte er/sie doch nur einmal ...", „Ich fühle mich so schuldig, weil ich ...".

Wenn Du Dich mit diesen Gedanken und den daraus resultierenden Gefühlen sehr lange und immer wieder quälst, solltest Du darüber nachdenken, sie therapeutisch aufzuarbeiten. Das kann ein steiniger, aber auch hilfreicher Weg sein, doch auf alle Fälle gilt: Du verdienst ein Leben ohne ständige innere Qual, jeder verdient das!

Was Dir vielleicht helfen kann: Vergebung. Das ist nicht leicht gesagt und noch weniger leicht getan, aber Vergebung ist ein guter Weg in ein Leben in Freiheit von Schuld. Vergib Dir selbst und vergib dem Anderen, wenn Du kannst und willst.

Die Freude

Vielleicht ist das das Gefühl, von dem Du jetzt glaubst, es für immer verloren zu haben. Freude und Glück scheinen manchmal mit einem Verlust fortgegangen zu sein. Auch hier wird Dir wieder die Zeit hilfreich zur Seite stehen. Du kannst Schritt für Schritt lernen, die neue Lebenssituation zu akzeptieren. Das könnte damit beginnen, dass Du Dir erlaubst, Dich dankbar an Erinnerungen zu erfreuen.

Noch einmal Dietrich Bonhoeffer:

„Je schöner und voller die Erinnerung,
desto schwerer ist die Trennung.
Aber die Dankbarkeit verwandelt die Erinnerung
in eine stille Freude.
Man trägt das vergangene Schöne
nicht wie einen Stachel,
sondern wie ein kostbares Geschenk in sich.“

Was für ein Geschenk hat uns Bonhoeffer damit gemacht, diesen Gedanken mit uns zu teilen. Gibt es etwas, was noch mehr Hoffnung spenden könnte?

Diese und viele andere Gefühle und Emotionen werden Dich in Deiner Trauerzeit begleiten. Versuche sie zu erkennen, ihrer gewahr zu werden. Ständige Ablenkung und Verdrängung werden Dir auf Dauer kaum helfen, in keiner Phase des Trauerprozesses. Eine Auseinandersetzung mit allen Gefühlen kann zwar schmerzhaft sein, ist aber ein guter Weg zur Heilung.

Auch wenn Du schon vor dem Verlust eine lange Zeit der Entfremdung durchgemacht haben solltest: Emotionen gehen deshalb noch keineswegs verloren, im Gegenteil; was lange nicht oder nie wahrgenommen wurde, kann jetzt möglicherweise zu einem aktiven, präsenten Gefühl werden.

Gönne Dir aber auch Zeiten der Erholung von Deiner Trauer und den damit verbundenen Gefühlen. Zeiten, in denen Du versuchst, negative in positive Energie umzuwandeln. Wie auch immer das bei Dir ausschauen mag, ob kreativ, in der Natur, mit Freunden oder in Bewegung: Probiere es aus, es wird Dir dabei helfen, nicht nur im Schmerz zu verharren.

Ich habe es bereits gesagt: Ja, Du kannst durch Deine Trauer auch wachsen und reifen. Du kannst damit beginnen, Dich mit Deinem inneren Selbst anzufreunden.

Ein Spaziergang in der Natur kann helfen,
zu innerer Ruhe zu finden und in Kontakt mit Dir selbst zu kommen.
Wenn Du nicht hinaus kannst, lade ich Dich ein,
den Weg im Geiste zu gehen.

Deine Bedürfnisse

Jeder Mensch hat Bedürfnisse. Sie sind bei allen ziemlich ähnlich, nur unterschiedlich ausgeprägt. Besonders in Krisenzeiten ist es wichtig, dass Du Deine Bedürfnisse kennst. Wenn Du sie nicht kennst – wie sollst Du sie Dir erfüllen? Oder wie sollen andere es tun?

In unserer Gesellschaft ist es kaum üblich, über Bedürfnisse zu sprechen. Oft wird es als geradezu unbescheiden angesehen zu sagen, was man braucht, wonach man sich sehnt, was einem wichtig ist oder was man gern hat. Warum ist das so?

Möglicherweise hast Du andere Erfahrungen gemacht, und Deine Bedürfnisse wurden von Deinen Eltern, Deinen Lehrern und anderen wichtigen Bezugspersonen geachtet. In diesem Fall hast Du vielen etwas voraus. Für alle anderen ist wichtig zu wissen: Ihr dürft Bedürfnisse haben, niemand kann sie Euch verbieten.

Erkenne Deine Bedürfnisse und äußere sie. Nur wenn auch andere wissen, was Du gerade brauchst, können sie Dich unterstützen und Dir helfen, damit Du es erhältst. Wenn Du schweigst, kann es zu Missverständnissen kommen, die bis zu Entfremdungen und Beziehungsabbrüchen führen können. Gerade und besonders in Trauerzeiten.

Ich erlebe das häufig bei Sternenkinder-Eltern. Ihre oft sehr lang anhaltende, intensive Trauer um ihr verstorbenes Kind, das sie nie oder nur ganz kurz im Arm halten durften, wird selbst von engsten Verwandten und Freunden nach einiger Zeit nicht mehr verstanden, und sie ziehen sich zurück. Das lässt die verwaisten Eltern oft ratlos zurück. Würden beide Seiten aussprechen können, was ihre Wünsche und Bedürfnisse sind, müsste es vielleicht nicht dazu kommen. Bedürfnisse stehen nicht automatisch im Konflikt miteinander. Hören wir, worum es dem Anderen wirklich geht, können wir Verständnis füreinander entwickeln.

Je öfter Du Dir Gedanken über Deine Bedürfnisse und Wünsche machst, umso leichter wird es Dir fallen, sie zu benennen. Um Dich anfangs besser an sie zu erinnern, schreib sie Dir auf, sobald sie Dir in den Kopf kommen. Bemühe Dich um eine positive Formulierung. Vielleicht fällt Dir eher ein, was Du nicht brauchst oder willst? Was Dir nicht guttut? Dann schreib auf, was Du Dir stattdessen wünschst.

Achte in Gesprächen darauf, dass Du von Dir sprichst und immer eine Ich-Aussage benutzt. Sprich über Dich nicht mit der Formulierung „man“. Das ist für viele zunächst schwierig, aber wenn Du möchtest, dass Deine Bedürfnisse und Wünsche wahr- und ernstgenommen werden, ist das ausgesprochen wichtig. Achte auf Deine Formulierungen, übe es, „ich" zu sagen.

Im Folgenden zähle ich einige grundlegende Bedürfnisse auf, die auch für Dich in dieser besonderen Situation wichtig sein können. Denke über sie in Ruhe nach und überlege Dir, was ihre Verwirklichung für Dich bedeuten würde. Wie kannst Du Dir das Bedürfnis erfüllen? Wer könnte Dir dabei helfen? Was davon ist vielleicht schon da und könnte nun gestärkt werden? Worauf möchtest Du jetzt lieber verzichten? Versuche, Dir über Deine ganz eigenen Wünsche und Bedürfnisse klar zu werden.

Ich lasse die Begriffe absichtlich unkommentiert, so kannst Du schauen, was Du vielleicht gerade brauchst.

Verbunden sein

Wir Menschen sind überwiegend soziale Wesen. Viele wünschen sich Nähe, Respekt, Intimität, Akzeptanz, Wertschätzung, Kommunikation, Aufmerksamkeit, Aufrichtigkeit, Verlässlichkeit, Gemeinschaft, Verständnis, Ehrlichkeit, Kontakt.

Das alles sind Bedürfnisse. Wenn Du jetzt etwas davon besonders stark brauchst, schreib es auf oder sprich es aus.

Selbstbestimmt sein

Auch das ist in uns, der Wunsch nach Eigenständigkeit,

Freiheit, Unabhängigkeit, Privatsphäre, Selbstwirksamkeit, Wachstum.

Auch das sind alles Bedürfnisse. Wenn Du jetzt etwas davon besonders stark brauchst, schreibe es auf oder sprich es aus.

Entlastet und entspannt sein

Etwas hiervon kann für Dich jetzt wichtig sein: Erholung, Harmonie, Ruhe, Frieden, Gelassenheit, Stille, Bequemlichkeit, Rückzug, Ordnung, Kreativität, Lebendigkeit, Freude, Ausgewogenheit.

Auch das sind alles Bedürfnisse. Wenn Du jetzt etwas davon besonders stark brauchst, schreib es auf oder sprich es aus.

Sicher sein

Oder wünschst Du Dir Beständigkeit, Aufrichtigkeit, Ehrlichkeit, Diskretion, Geborgenheit, Verbindlichkeit, Orientierung, Klarheit, Hilfe, Fürsorge, Rückhalt, Ermutigung?

Das sind alles Bedürfnisse. Wenn Du jetzt etwas davon besonders stark brauchst, schreib es auf oder sprich es aus.

Dem vielleicht größten Bedürfnis des Menschen, dem Bedürfnis nach Sinn, wird später noch ein eigenes Kapitel gewidmet.

Wege zur Selbsthilfe

Wie Du Dir selbst helfen kannst

Bei einem Verlust hilft einem Zuspruch und Verständnis, ebenso wichtig sind aber auch ganz konkrete Anregungen, wie es gelingen kann, mit häufig aufkommenden Problemen etwas besser umzugehen.

Diese oder ähnliche Fragen und Gedanken beschäftigen viele Menschen in einer solchen Situation:

1. Wie überstehe ich die erste ganz schwere Zeit? Antworten aufs Weh
2. Braucht Trauer einen Ort?
3. Was möchte und kann ich loslassen? Was will ich bewahren?
4. Ungeklärtes lässt mich nicht zur Ruhe kommen, was kann ich tun?
5. Ich hätte so gerne noch etwas gesagt.
6. Wie kann ich jetzt auch noch anderen gerecht werden?
7. Ich fühle mich einfach nicht verstanden.
8. Wie kann ich das Verlorene um meiner selbst willen auf eine wertvolle Art sehen?
9. Ich muss viele Entscheidungen treffen, gerade jetzt. Wie schaffe ich das bloß?
10. Ich fühle mich so schwach, wo ist meine Stärke geblieben?

---

1. Wie überstehe ich die erste ganz schwere Zeit? Antworten aufs Weh

Fassungslos, verzweifelt, ratlos, hoffnungslos – so oder ähnlich kannst Du Dich jetzt fühlen. Du versuchst vielleicht, gerade nur irgendwie jeden einzelnen Tag zu überstehen.

In dieser ersten ganz schweren Zeit kannst Du den Verlust als so unerträglich empfinden, dass Du womöglich denkst, nicht weiterleben zu wollen oder zu können. Tatsächlich hast Du aber wahrscheinlich keine

Sehnsucht nach dem Tod, sondern das große Verlangen nach einem Ende der Schmerzen. Bitte mache Dir diesen Unterschied bewusst und denke daran, dass dieser Schmerz heilen kann. Stück für Stück, Schritt für Schritt.

Was kann Dir nun helfen, wenn es besonders wehtut? Versuche, Dir folgende Fragen zu stellen und Dir selbst Antworten aufs Weh zu geben. Du wirst sehen: Während Du über die Fragen nachdenkst und Antworten suchst, wirst Du einen vorsichtigen Blick nach vorne wagen. Das kann eine erste Hilfe sein auf Deinem langen Weg, Dein Leben neu zu gestalten.

Wer kann mich gerade jetzt
besonders gut unterstützen?

Andere Menschen um Hilfe zu bitten und Hilfe anzunehmen, ist in dieser Zeit für Dich möglicherweise besonders schwer. Aber glaube mir, wertvoller können andere für Dich selten sein. Und sicher möchten gerade jetzt viele für Dich da sein, vielleicht wissen sie nur nicht, wie. Daher überlege Dir, wer für Dich genau in diesem Moment eine Stütze sein kann und gehe auf diesen Menschen zu. Wenn Du um Unterstützung bittest, kann Dir geholfen werden. In genau der Weise, wie Du es jetzt gerade brauchst.

Wem kann ich helfen,
für wen kann ich da sein?

Ich treffe immer wieder Menschen, denen genau das nach ihrem Verlust besonders geholfen hat. Gerade in einer Zeit, in der sie scheinbar die am stärksten Betroffenen waren, fingen sie an, andere zu trösten, anderen zu helfen, andere zu unterstützen. Es geht dabei darum, aus dem Helfen für sich Kraft zu ziehen, eine Aufgabe zu haben, Dankbarkeit zu erfahren, einen Sinn zu spüren. Wäre da jemand, der Dich jetzt besonders brauchen könnte?

Wer kann mich zurzeit am besten verstehen?

Verlusterfahrungen haben die meisten von uns machen müssen, Abschiede begleiten uns alle schon sehr früh in unserem Leben. Wer sich erinnert, wie es ihm selbst einmal ging, kann Dir womöglich mit seiner Geschichte helfen. Verständnis ist etwas, was Du in dieser Situation besonders brauchst, Verständnis ohne Wertung. Du brauchst einen Zuhörer, der selbst schwere Zeiten durchlebt hat. Gehe auf diesen Menschen zu.

Wer kann mich heute trösten,
wenn auch nur ein kleines bisschen?

Trost ist etwas Wunderbares. Weißt Du noch, wie es war, wenn Du als Kind getröstet wurdest? Wie es plötzlich nicht mehr so weh tat? Und das, obwohl der Schmerz eigentlich noch derselbe war. Nur dieses Gefühl, dass ihn jemand beachtet, dass Du beachtet wirst, ließ ihn sofort weniger spürbar erscheinen. Tröstende Worte oder auch nur eine Geste, ein Blick oder ein Händedruck, das ist genau das, was wir manchmal brauchen. Wir fühlen uns dann sichtbar in unserer Trauer. Das lässt uns hoffen, dass auch der schlimmste Schmerz gelindert werden kann. Bestimmt gibt es so einen Trostspender auch für Dich.

Was kann ich heute tun,
um ein wenig für mich selbst zu sorgen?

Selbstsorge ist wichtig, jetzt und in Zukunft. Sie fällt Dir möglicherweise in diesem Moment besonders schwer. Sorge für Dich selbst, sorge dafür, dass Du Dich gesund und wertvoll ernährst, dass Du Dich pflegst, Dir Bewegung und frische Luft verschaffst. Auch wenn es zunächst nur wenig ist, ist damit ein Anfang gemacht. Was fällt Dir noch ein, womit Du Dir etwas Gutes tun kannst? Du darfst das, auch und besonders jetzt. Gut zu Dir selbst zu sein kann Dir helfen, die Kraft zu mobilisieren, die Du vielleicht gar nicht mehr in Dir vermutest. Die Kraft, die für die kommende Zeit so wichtig ist.

Was brauche ich jetzt gerade?

Darauf eine Antwort zu finden, ist für viele Menschen schon in weniger herausfordernden Zeiten schwer. Aber gerade jetzt kann Dir diese Antwort sehr helfen. Natürlich kann Dir zuerst der Verlorene in den Sinn kommen. So ist es aber nicht gemeint. Es geht wieder um Deine Bedürfnisse, um die, die nicht abhängig sind von einer anderen Person. Die, die in Dir wohnen. Ich habe Dir ja schon einige Grundbedürfnisse vorgestellt, überlege Dir und höre in Dich hinein: Was genau brauchst Du jetzt, was wünschst Du Dir? Versuche, es allein oder gemeinsam mit anderen umzusetzen. Das kann ein wichtiger Schritt in Richtung Heilung sein.

Was hat mir bisher am meisten geholfen, die Situation zu bewältigen?

Wir alle tragen Fähigkeiten, Ressourcen, Haltungen in uns, die uns helfen, mit schwierigen Situationen im Leben umzugehen. Manche sind verborgen, andere strahlen hell. Frage Dich selbst hin und wieder, welche davon Dich bis hierher gebracht haben. Was davon erfolgreich war, was sich gut und richtig angefühlt hat. Welcher Mensch war für Dich die größte Stütze, welche Handlung, welcher Moment? Nimm Dir Zeit, denke in Ruhe nach und sei auch ruhig stolz auf Dich. Du hast es bis hierher geschafft!

Was ist das Wichtigste, an das ich mich erinnern sollte, wenn es mir schlecht geht?

Das ist eine ganz wertvolle Frage an Dich selbst. Denke darüber nach – die Antwort kann Dir ungemein helfen in dunklen Stunden. Und diese kürzer und kürzer werden lassen. Ich bin sicher, Du kennst Deine Antwort.

Wie schaffe ich es – mit welcher inneren Haltung –, das Gegebene zu akzeptieren?

Als Deine innere Haltung bezeichne ich Deine Einstellung zu Dir selbst, Deine Gedanken und Gefühle Dich betreffend. Deine Einstellung zum Leben ist eine Folge dieser inneren Haltung.

Was genau hilft Dir, die Tatsache des Verlusts anzunehmen? Welche nützlichen Stärken, Werte oder dienliche Tugenden stecken dafür in Dir? Welche Facetten Deiner Persönlichkeit unterstützen Dich zurzeit? Versuche, diese kostbaren Wesenszüge positiv zu formulieren. Schreib sie auf, wenn Du möchtest. Dann kannst Du Dich besser erinnern, sollten sie Dir einmal gedanklich abhanden kommen. Möglicherweise hast Du Dir inzwischen schon ein kleines Heft besorgt, in das Du all das aufschreiben kannst, wozu ich Dich hier anrege. Falls nicht – vielleicht wäre es eine gute Idee für Dich?

Wie ist es mir früher gelungen, schwere Zeiten zu meistern?

Kein Leben ist frei von Leid, und niemand lebt nur auf der Sonnenseite. Wer das Gegenteil behauptet, war bisher ein unfassbares Glückskind oder ist unempfänglich für tiefe Gefühle. Endlichkeit und Leiden sind Teil unseres Lebens, nur keiner lehrt uns, Abschiedskünstler zu sein. Wir sind zumeist Autodidakten im Schmerz, in der Tiefe auf uns gestellt. Aber auch hier zeigt sich wieder, dass in unserer Natur die Fähigkeit zur Heilung und zum Wachstum verankert ist. Jedes Mal, wenn wir es geschafft haben, durch eine schwierige Phase unseres Lebens zu kommen, können wir neue Erfahrungen und Fähigkeiten in unser weiteres Leben mitnehmen. Wir reifen im Leiden, wir wachsen mit ihm. Rufe sie Dir in Erinnerung, Deine Leidensstärken, nutze sie. Du kannst sie jetzt weiter ausbauen. Ja, auch jetzt.

Wie möchte ich, dass mir geholfen wird,
wenn ich Hilfe brauche?

Erfahrungsgemäß wollen Dir jetzt viele Menschen aus Deinem Umkreis zur Seite stehen. Das ist natürlich erfreulich und in aller Regel sehr lieb gemeint. Nicht jede Hilfe aber muss tatsächlich von Dir gewünscht sein, nicht jede Hilfe muss sinnvoll oder wohltuend für Dich sein. Auch deshalb ist es wieder wichtig, dass Du versuchst, Dir über Deine Wünsche und Bedürfnisse klar zu werden. Du erinnerst Dich – nur wenn Du selbst weißt, was Du brauchst, können andere Dir wirksam helfen. Und Du Dir selber auch.

Wie will ich jetzt leben?

Wie kann ich von Dir erwarten, dass Du Dir diese Frage stellst? Möglicherweise erscheint Dir Dein Leben gerade alles andere als lebenswert, und Du empfindest einen Ausblick in die Zukunft als anmaßend oder schlicht unmöglich. Nur, die Zukunft hat schon begonnen. Im

Moment des Abschieds fing Deine Zukunft an. Du bist jetzt hier, Du liest diese Zeilen, Du bist mitten drin in dem, was Trauerbewältigung genannt wird. Etwas bewältigen zu müssen, ist eine echte Herausforderung. Diese Herausforderung ist ein Prozess. Sei also weiter geduldig. Nur gestatte Dir einen Blick auf das Leben, das Du jetzt führen möchtest. Je klarer Dein Blick darauf ist, umso wahrscheinlicher ist es, dass Du erreichst, was Du Dir wünschst.

Welches Ritual kann mir helfen?

Rituale können Sicherheit geben, sie können eine Verbindung schaffen zum Verlorenen und das Verbundensein bewahren. Das kann eine Kerze sein, die Du entzündest, das kann der Besuch an der Grabstätte sein an besonderen Tagen, eine gemeinsam eingenommene Mahlzeit, die Teilnahme an einer Trauergruppe. Rituale können auch Deiner Selbstsorge und Deinem persönlichen Wachstum dienen, ein Spaziergang, eine Fortbildung, die Meditationsgruppe an festen Tagen. Alles, was Du jetzt als kostbar und wohltuend empfindest, kann für Dich heilsam sein.

Achte allerdings darauf, ob Dein Ritual irgendwann zu einem Mantra wird, das Du immer und immer wiederholst. Dann solltest Du Dich möglicherweise fragen, ob es tatsächlich aufbauend ist in Deiner Trauer, ob es dienlich und hilfreich ist für Dich.

Wann oder wobei habe ich das Gefühl,
dass es einen Sinn gibt in meinem Leben,
auch nach dem Verlust?

Die Frage nach dem Sinn Deines Lebens ist eine Frage, die Du Dir nach Deinem Verlust vermutlich häufiger stellst. Die Antwort erfordert eine Öffnung Deines Geistes, sie liegt jenseits der Beziehung zum Verlorenen. Sie ist in Dir, in Deinen Verbindungen, Deinen Interessen, Deinen Wünschen, Deinen Werten. Die Antwort richtet sich auf den heutigen Tag und auf alle folgenden. Es gibt Sinn in Deinem Sein, auch ohne den Abwesenden. Beschäftige Dich in Ruhe mit Deinen Gedanken darüber, ein Spaziergang in der Natur kann ein wunderbarer Anlass dafür sein. Vergiss Dein Notizheft nicht …[2]

[2] Zum Thema Sinn schaue gern schon einmal in das Kapitel „Dein Sinn“.

2. Braucht Trauer einen Ort?

„Wenn du bei Nacht den Himmel anschaust, wird es Dir sein, als lachten alle Sterne, weil ich auf einem von ihnen wohne, weil ich auf einem von ihnen lache. Du allein wirst Sterne haben, die lachen können."
Antoine de Saint-Exupéry

Die Frage, ob Trauer einen Ort braucht, stellen sich viele, wenn ein Mensch gestorben ist. Es gibt kein einfaches Ja oder Nein dafür, die Antwort sieht ganz individuell aus und ist für jeden eine andere.

Um Dir selbst bei der Entscheidung zu helfen, könntest Du Dich fragen: Was wäre gut daran, einen Platz für meine Trauer zu haben? Was spricht dagegen? Sollte er nur für mich zugänglich sein, oder wäre dieser Ort auch für andere wichtig? Wo könnte dieser Ort sein?

Schreibe Dir Deine Antworten auf und versuche, dabei auch in die Zukunft zu denken. Wie könnte meine zukünftige Einstellung dazu aussehen? Würde mir vielleicht etwas fehlen? Was könnte mich belasten? Wem noch könnte etwas fehlen? Was könnte andere belasten?

Manche sind heute nach einem Todesfall zunächst froh, wenn sie sich nicht um eine letzte Ruhestätte kümmern müssen, wenn sie keinen Druck durch Grabpflege und bürokratische Dinge spüren. Ich kenne aber auch viele Menschen, denen es enorm hilft, einen Ort für ihre Trauer zu haben. In unserer hektischen Zeit innehalten zu können an einem besonderen Platz, Verbundenheit zu spüren, innerlich Zwiegespräche zu führen, die hilfreich und klärend sein können, ist wichtig. Mir ergeht es so, wenn ich mir die Zeit nehme, zum Friedhof zu fahren, zu den Grabstätten der Menschen, die auch im Tod ihre Bedeutung für mich nicht verloren haben.

Ich erlebe in der Trauerbegleitung immer wieder, dass – im Nachhinein – so ein Ort fehlen kann. Zum Beispiel nach einer anonymen Beisetzung oder einer Seebestattung. Dann höre ich: „Ich wünschte, ich könnte zum Friedhof gehen, Blumen zum Grab bringen, einfach nur dort stehen oder sitzen und dem Verstorbenen nah sein. Das fehlt mir sehr."

Überlege es Dir in Ruhe: Eine Grabstätte lässt sich pflegeleicht anlegen, so, dass Du hingehen kannst, aber nicht musst. Du bewahrst Dir und anderen damit die Chance auf einen Ort, an dem Du durch die Nähe zu dem, was sterblich war, eine besondere Verbindung und Ruhe spüren kannst. Ein Grab, zu dem Du Deine Kinder und Enkel mitnehmen kannst, um ihnen den Lauf allen Lebens nahebringen zu können.

Denn auch das erlebe ich immer wieder: Ein Kind weiß genau, wo sein Vogel, den es so heiß geliebt hat, begraben wurde, weil die Familie eine kleine Zeremonie für ihn im Garten veranstaltet und dabei ein Kreuz auf das kleine Grab gestellt hat. Nur wo Oma liegt, das weiß niemand mehr.

Unsere Bestattungskultur ist im Wandel, wie jede Kultur. Das ist auch gut so, denn die Bedürfnisse, Wünsche und Ansprüche ändern sich. Was mir Sorgen macht, setzt schon viel früher im Leben ein: die zunehmende Entfremdung unter uns Menschen, in den Familien, eine Vereinzelung und Anonymisierung, die bis zum Tode und darüber hinaus reicht. Dagegen kann letztlich nur jeder Einzelne von uns, jeder in seiner ganz eigenen kleinen Welt, etwas tun – wenn er will.

Letztlich ist es Dein ganz eigener Wunsch und Wille, der Dich entscheiden lässt: für oder gegen einen Trauerort, oder wie er aussehen und wo er sein soll.

Und auch falls Du nicht bestimmen kannst über den Platz der letzten Ruhe und Erinnerung – Du kannst Dir überall einen Ort der Verbundenheit schaffen, sogar und besonders in Deinem Herzen.

Meine dringende Bitte lautet dazu: In der Familie sollte über dieses Thema gesprochen werden, und es sollten, wenn möglich, alle miteinbezogen werden. Trauer betrifft selten einen Menschen allein.

Diesen besonderen Platz habe ich während eines Spaziergangs
inmitten eines wunderbar stillen Waldes entdeckt.
Wer mag ihn wohl geschaffen haben, für wen oder für was?
Die Bedeutung dieses Ortes kennt nur der, der ihn gestaltet hat.
Die Stimmung, der Frieden, das Gefühl – all das
hat aber auch mich erreicht.

3. Was möchte und kann ich loslassen? Was will ich bewahren?

Sehr dankbar wird von meinen Klienten diese Idee aufgenommen, die dabei helfen kann, wertvoll Verbindendes emotional zu bewahren oder sich Schweres von der Seele zu schreiben und es abzugeben.

Ich fülle Beutel mit kleinen, leeren Zettelchen und übergebe sie meinem Klienten. Ich mache das meistens in einer frühen Phase nach einem Verlust, häufig vor einer Trauerfeier oder Beisetzung. Gleiches kann aber auch nach einem Verlust des Arbeitsplatzes oder in einem anderen großen Veränderungsprozess gelten.

Diese Idee ist für Dich leicht nachzumachen, Du kannst einfach Briefumschläge oder Ähnliches nehmen, die Du beschriftest, zum Beispiel: „Was von Dir bleiben darf" – „Was mit Dir gehen soll" – „Was ich Dir verzeihe“ – „Wofür ich Dir immer dankbar bin“– „Was ich von Dir gelernt habe“ – „Was ich nie wieder zulassen werde“. Du kannst eigene Überschriften wählen, was immer Dich bewegt.

Auf die Zettel kannst Du dann Nachrichten an den Verlorenen oder das Verlorene schreiben, entweder ausführlich oder ganz knapp in Stichworten, genau so, wie es Dir richtig erscheint.

Dann faltest Du die Zettelchen und gibst sie in die Beutel oder Umschläge. Sie kannst Du dann mit in den Sarg, in die Urne oder ins Grab geben, im Garten oder im Wald vergraben, aufbewahren, verbrennen ... Genau so, wie es sich für Dich in diesem Moment richtig anfühlt. Du lässt damit vielleicht etwas los, was Dich lange belastet hat, oder Du verstärkst das Band, das euch verbindet.

Schwierig und nicht zu unterschätzen ist das Loslassen von Dingen. Weil sie mit Erinnerungen verknüpft sind, schmerzt die Trennung von ihnen. Für viele ist es eine Mammutaufgabe, sich von Kleidung, Möbeln, Einrichtungsgegenständen, Papieren und all diesen Dingen zu verabschieden.

Diese besondere Aufgabe hat es verdient, eigens gewürdigt zu werden. Lass Dir damit Zeit. Du wirst spüren, wenn der Moment gekommen ist, darüber nachzudenken, welche Dinge Du wohin geben möchtest; welche Du als Andenken behalten willst und mit welchen Du vielleicht anderen eine Freude an der Erinnerung weitergeben kannst; was Du nun um Dich herum haben möchtest, wenn Raum entstanden ist.

Für viele geht mit dem Verlust auch einher, denjenigen Menschen verloren zu haben, der sich um die täglichen Dinge des Lebens gekümmert hat. Nun ist es an Dir, Dich dem zu stellen. Möglicherweise gibt es in Deiner Umgebung Menschen, die Dir in dieser neuen Phase der Selbstverantwortlichkeit anfangs zur Seite stehen können. Suche diese Unterstützung und nimm auch diese Hilfe dankbar an.

---

4. Ungeklärtes lässt mich nicht zur Ruhe kommen, was kann ich tun?

Viele, die einen Verlust erlitten haben, erleben das: Sie grübeln über Ungeklärtes, Versäumtes, vertane Zeit, über den Verlust an sich, über Ungerechtigkeit, Unerträglichkeit, die unbekannte Zukunft.

Geht es Dir auch so? Bewegst Du Dich in einer schmerzhaften, negativen Gedankenschleife? Grübelst Du vielleicht auch gerade jetzt über Situationen nach, die nicht mehr zu ändern sind oder die möglicherweise nie eintreten werden?

Es ist nicht leicht, sich aus diesen quälenden Gedanken zu lösen, die letztlich zu nichts führen außer zu noch mehr Schmerz. Ein erster Schritt zu mehr Klarheit besteht darin, anzunehmen, was nicht oder nicht mehr zu klären ist. Mache Dir die Unmöglichkeit klar, die Uhr zurückzudrehen. Versuche, diese Tatsache anzunehmen.

Dann kannst Du betrachten: Worum ging oder geht es eigentlich genau? Was bewegt Dich jetzt konkret?

Beruht der Grund für Deine Unruhe auf einer Tatsache, oder mutmaßt und interpretierst Du vielleicht etwas hinein? Nimmst Du gedanklich Situationen oder den Ausgang von etwas vorweg, das auch ganz anders und vielleicht viel positiver ausgehen könnte?

Erneut kann es Dir helfen, wenn Du das für Dich aufschreibst. Verzichte dabei auf Schuldzuweisungen, übe Dich weiter im Vergeben, versuche, dem Verlorenen zu vergeben und Dir selbst. Ganz bewusst. Fasse es in Worte: „Ich vergebe dir, dass du ...“ „Ich vergebe mir, dass ich ...“ In solchen Momenten kannst Du spüren, wie Du aktiv aus Deiner gefühlten Machtlosigkeit heraustrittst und dabei zur Ruhe kommen kannst.

Keine Frage: Das kann ein schmerzhafter, tränenreicher Gang sein. Aber er kann Dir helfen, den Schmerz loszulassen und die Gedankenschleife zu verlassen.

Sieh Dir später in Ruhe alles an, was Du aufgeschrieben hast. Hatte Dein Tun oder Nicht-Tun nicht doch oft einen Sinn oder einen Grund, den Du nun anerkennen kannst? Versuche, während Deiner Betrachtung zu lächeln, es gut mit Dir zu meinen. Ich bin sicher, alles in Dir meint es gut mit Dir, sei auch Du so wohlwollend.

Wenn Du versuchst, den Sinn oder Grund einer Handlung sachlich zu betrachten, ohne Bewertung, ohne zu emotional zu werden, dann kannst Du anders darüber denken. Es kann dann tatsächlich leichter sein, die Vergangenheit ruhen zu lassen und Dir damit selbst inneren Frieden zu schenken.

Nimm Dir Zeit zu grübeln, aber versuche, Dir dafür eine ganz bestimmte Zeit zu reservieren. Plane diese halbe oder auch ganze Stunde in Deinen täglichen Ablauf ein, bis Du sie vielleicht gar nicht mehr brauchst. Wenn Du außerhalb dieser Zeit ins Grübeln gerätst, verschiebe die Gedanken bewusst auf Deine „Grübelstunde", die zu einer bestimmten Uhrzeit stattfindet. Das braucht Übung, wird aber nach einer Weile immer besser klappen. Und manches Mal hast Du dann vielleicht den Grund für Dein Grübeln längst vergessen.

Um Dein Gedankenkarussell verlassen zu können, kann es Dir auch helfen, Deine Aufmerksamkeit von Deinem Inneren auf das Äußere zu lenken. Was gibt es zu erledigen? Kannst Du vielleicht jemandem hilfreich zur Seite stehen? Wobei könntest Du kreativ sein? Was geht draußen vor sich? Ein Spaziergang in der Natur kann ein wunderbarer Ausgleich sein.

---

5. Ich hätte so gerne noch etwas gesagt.

Etwas auszusprechen, das Dich belastet, kann enormen Druck von Dir nehmen. Was Dir dabei helfen kann, ist eine therapeutische Technik: Der leere Stuhl. Aber sei vorsichtig: Es kann sehr emotional werden, Du solltest dafür schon wieder gefestigt sein. In jedem Fall brauchst Du viel Zeit und Ruhe für diese Anregung. Wenn es zu schmerzhaft wird, kannst und solltest Du abbrechen. Vielleicht wünschst Du Dir Begleitung dafür. Ein erfahrener Therapeut oder Coach wird Dich sicher gern unterstützen. Wenn Du Dich alleine daranwagen möchtest, gehst Du so vor:

Du nimmst zwei Stühle, die Du so hinstellst, wie es in Deiner Beziehung zum Verlorenen für Dich richtig erscheint. Dann setzt Du Dich auf einen Stuhl und stellst Dir vor, der Verlorene sitzt auf dem anderen.

Du darfst jetzt alles sagen: Das, was Du *noch* sagen wolltest oder *immer schon*, oder auch das, was Du *eigentlich nie* sagen wolltest. Sprich alles aus, laut und deutlich. Sage alles, auch das, was Du Dich vielleicht bisher nicht getraut hast. Du kannst ganz ehrlich und offen sein. Dann überlegst Du Dir: Was hätte der Verlorene wohl geantwortet? Denke in Ruhe darüber nach. Was hättest Du darauf erwidert? Sprich es aus. Du kannst diese Zwiesprache so lange führen, wie sie Dir guttut.

Die ausgesprochenen Worte und mögliche Erkenntnisse können Dir Klarheit und Erleichterung bringen. Denke dabei daran: Du darfst und solltest immer wohlwollend mit Dir umgehen.

Gönne Dir danach Ruhe und Erholung.

---

6. Wie kann ich jetzt auch noch anderen gerecht werden?

Erlebst Du das auch? Du bist ganz starr vor Trauer, ganz konzentriert auf Deinen Verlust, und dann sind um Dich herum viele, die Deine Aufmerksamkeit, Deine Zuwendung, Deine Liebe, Deine Arbeitskraft einfordern. Das kann zu einem starken Gefühl der Überforderung führen, wenn Du jetzt funktionieren willst wie immer. Versuche stattdessen herauszufinden, was jetzt wirklich machbar und nötig ist – für Dich.

Es kann hilfreich sein, Dir über die verschiedenen Rollen klar zu werden, die Du im Leben spielst. Auch jetzt, auch in dieser schweren Zeit. Du bist eine ganze Menge Personen und „spielst“ eine Menge Rollen.

Ein paar Rollen, die ich zum Beispiel einnehme, sind: Ehefrau, Tochter, Schwester, Nichte, Tante, Chefin, Freundin, Nachbarin, Ratgeberin, Autorin ...

Um Klarheit zu bekommen, wer Du alles bist und was Du gerade auf Dich nehmen kannst, nimm Dir bitte ein paar Karten oder Zettel zur Hand. Schreibe auf die erste Karte Deinen Namen oder das Wort ICH. Lege die Karte vor Dich hin. Dann schreibe Deine wichtigsten Rollen auf weitere Karten und lege sie um Deine Namenskarte herum. Du kannst sie so platzieren, wie es Dir richtig erscheint.

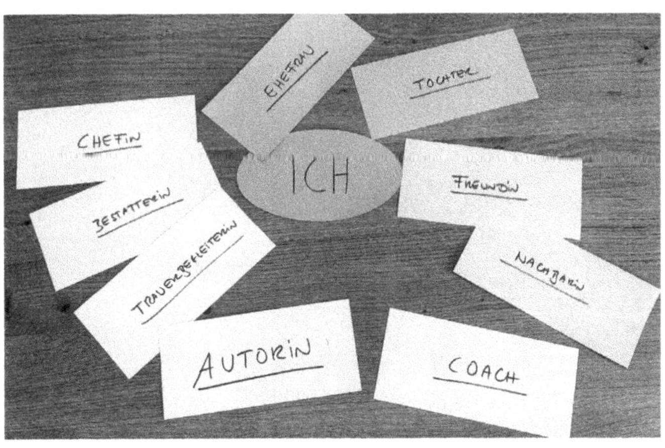

Die Karten auf diesem und dem nächsten Foto zeigen, wie ich an die Arbeit zu diesem Buch herangegangen bin.

Als Nächstes nimmst Du die Rollenkarten einzeln zur Hand und überlegst Dir zu jeder Rolle, was zur Zeit von Dir verlangt oder erwartet wird und wozu Du Dich tatsächlich in der Lage fühlst. Notiere Dir das auf dem Rollenzettel. Du kannst danach einen Haken oder ein Kreuz hinter die einzelnen Erwartungen machen. Geht ✓, geht nicht ×.

Reduziere jetzt das, was Du glaubst, leisten zu müssen, auf das, was wirklich sein „muss“. Kringle es ein oder markiere es. Überlege, was Du delegieren, aufteilen, aufschieben kannst. Schreibe Dir Namen von hilfreichen Menschen dazu oder zum Beispiel Termine, die für Dich machbar sind. Notiere Dir, was Du brauchst oder was Dich entlasten könnte. Denke darüber nach, was Dir guttut, versuche Lösungen zu finden für Dinge, die Dir nicht guttun. Schreibe das auch auf die Karten.

Lege die Karten jetzt wieder so hin, wie es Dir nun passend erscheint.

Indem Du Dir zunächst einmal selbst klar wirst darüber, was genau im Moment von Deiner Seite tatsächlich machbar ist, wirst Du besser kommunizieren können, was Du schaffst und was nicht. Du erkennst, was für Dich möglich ist.

Vielleicht stellst Du auch fest, dass vieles von dem, was Du denkst jetzt leisten zu müssen, tatsächlich Anforderungen sind, die nur Du an Dich selbst stellst, die aber nicht wirklich von anderen erwartet werden. So kannst Du die reduzierte Kraft, die Du im Moment spürst, nutzen, um dem gerecht zu werden, was jetzt gerade wirklich wichtig ist. Ich mache das vor allen größeren Herausforderungen, die vor mir liegen und die mich überfordern könnten.

Schon allein diese Überlegungen können Dich enorm entlasten. Wenn Du es dann auch schaffst, einen großen Teil davon einzuhalten, wirst Du noch einmal eine deutliche Entspannung spüren.

Trauerarbeit ist eine ganz besondere Aufgabe. Gönne ihr die Zeit, die sie verdient.

---

7. Ich fühle mich einfach nicht verstanden.

Solche oder ähnliche Sätze höre ich häufig: „Meine Freunde verstehen mich einfach nicht – verstehen nicht, wie es mir geht, meinen, dass es nun aber wirklich genug sei mit meiner Trauer." Oder: „Ich fühle mich allein gelassen von allen, das macht mich richtig fertig."

Konflikte, Sprachlosigkeit oder Entfremdung entstehen sehr häufig durch verfehlte Kommunikation. Durch Missverständnisse, durch fehlende oder fehlgeschlagene Versuche, sich in den anderen hineinzuversetzen. Durch die Unfähigkeit sich mitfühlend miteinander zu verbinden, einander von Herzen zu verstehen. Durch mangelndes Verständnis für die Individualität und Andersartigkeit des Gegenübers. Durch unsere eigenen Schwierigkeiten, unsere Gefühle und Bedürfnisse in uns selbst zu erkennen und zu äußern. Durch unsere Unerfahrenheit darin, dem Anderen etwas ohne Beurteilung, ohne Vorwurf, ohne Schuldzuweisung, ohne Kritik und ohne Forderung mitzuteilen.

Oft schwelen Konflikte, die in Trauerzeiten hervorbrechen, schon länger unter der Oberfläche. Durch Verletzungen in der Kindheit, durch einen gefühlten Mangel an Liebe und Unterstützung. Durch fehlendes Verständnis für die sich Raum suchenden Emotionen. Durch Erwartungen oder Wünsche anderer, die Du einfach nicht oder *noch nicht* erfüllen kannst. All das und vieles andere kann großes Konfliktpotenzial haben. Und das ist wahrscheinlich das Letzte, was Du jetzt noch brauchst.

Die wunderbaren Ansätze der Gewaltfreien oder Einfühlsamen Kommunikation nach Marshall B. Rosenberg (kurz: GFK) können für Dich jetzt hilfreich sein, um Dich und Dein Gegenüber besser zu verstehen. Um aufzunehmen, wie es dem Anderen geht, ohne Beschuldigungen oder Kritik zu hören und Dich selbst für den anderen verständlich zu machen. Die GFK zeigt Dir, wie Du Dir selbst Empathie schenken kannst. Wie Du, mitfühlend mit Dir selbst, Klarheit darüber gewinnst, was gerade in Dir passiert, welche Gefühle hochkommen, welches unerfüllte Bedürfnis dafür verantwortlich ist – was es ist, das Du brauchst. So kannst Du Dich und Deine Reaktionen viel besser verstehen und eine heilsame Richtung auf Deinem Weg zu einem mitfühlenderen Umgang miteinander – auch mit Dir selbst – einschlagen.

Erste Anregungen dafür gebe ich Dir mit auf diesen Weg. Wenn Du Dich näher damit beschäftigen möchtest, empfehle ich Dir Rosenbergs Buch „Gewaltfreie Kommunikation. Eine Sprache des Lebens“. Besonders das Hörbuch lege ich Dir ans Herz.

Sage nicht: „Ihr versteht mich einfach nicht.“ So wird Dich tatsächlich niemand verstehen, es kann zu einer sogenannten selbsterfüllenden Prophezeiung kommen. Schildere Deine Beobachtung der Situation (ohne Bewertung, ganz sachlich), und dann sage, wie Du Dich fühlst. Du fährst fort und sagst, was Du jetzt brauchst, und kombinierst es abschließend mit einer positiv formulierten, machbaren Bitte, keiner Forderung.

Das sind die vier Komponenten der Gewaltfreien Kommunikation: Beobachtung, Gefühl, Bedürfnis, Bitte.

Sag Deinem Gegenüber nicht, was es *nicht* tun soll, sondern genau das, was Du brauchst. Das ist wichtig: Achte einmal darauf, wie oft Du sagst, was Dir *nicht* gefällt, anstatt zu sagen, was Du möchtest.

Zum Beispiel so: „Wenn ich höre, dass Du sagst, ich soll endlich wieder unter Leute gehen, dann bin ich traurig, denn ich habe noch immer das Bedürfnis nach Rückzug und Stille. Bitte gib mir Zeit, um Abschied nehmen zu können, so, wie ich es brauche."

Oder so: „Wenn ich höre, dass von mir erwartet wird, einen großen Kreis von Menschen zur Beisetzung einzuladen, bin ich ärgerlich, weil mir Privatsphäre jetzt besonders wichtig ist. Ich bitte Dich, mir die Freiheit zu lassen, zu entscheiden, wen ich dabeihaben möchte."

Oder: „Wenn ich erfahre, dass schon über die Erbschaft gesprochen werden soll, macht mich das traurig, weil mir Ruhe und Erholung jetzt besonders wichtig sind. Ich bitte Dich, dass wir das alles frühestens zwei Wochen nach der Beerdigung besprechen. Ist das für Dich in Ordnung?"

Auch wenn es Dir ungewohnt erscheint und einiges an Übung braucht – werde Dir klar über Deine Gefühle und Bedürfnisse und sprich sie aus. Bleibe ganz bei Dir, zeige nicht, im übertragenen Sinne, mit dem Finger auf andere.

Im dritten Beispielsatz habe ich eine Frage an das Ende des Satzes gestellt: „Ist das für Dich in Ordnung?" Du kannst auch fragen: „Kannst Du das verstehen?" oder „Wie geht es Dir damit?"

Spürst Du den Unterschied? So wird aus einer Bitte eine „Verbindungsbitte". Die Bitte wird dann viel eher *nicht* als Forderung oder versuchte Manipulation vom Gegenüber aufgenommen, und die Wahrscheinlichkeit, dass sie erfüllt wird, steigt um ein Vielfaches.

Wichtig für eine gelingende Kommunikation im Sinne der GFK ist immer die Verbindung miteinander – sie steht an erster Stelle. Verbindung vor Lösung, und zwar vor einer Lösung, die für beide passt. Daher frage, ob der Andere Dich versteht oder einverstanden ist mit dem, worum er gebeten wird. Oder was er braucht, um die Bitte zu erfüllen. So kann Nähe entstehen und, wie Rosenberg es formuliert: „Wenn wir in Verbindung sind, findet uns die Lösung."

Eine weitere wichtige Botschaft Rosenbergs betrifft Gefühle. Wenn Du denkst und sagst „Ich fühle mich von Dir nicht verstanden" oder „Ich habe das Gefühl, dass Du mich nicht unterstützt", beschreibst Du nicht Dein tatsächliches Gefühl, sondern ein „Pseudogefühl", wie Rosenberg es nennt. Was Du äußerst, ist ein Gedanke, eine Interpretation, eine Bewertung, dem Anderen zugeschoben, den Du damit für dieses „Gefühl" verantwortlich machst und verurteilst.

Achte darauf, wie Du Worte benutzt, um Deine Gefühle auszudrücken. Überlege Dir, wie Du Dich tatsächlich fühlst. Nutze dieses Nachdenken und frage Dich selbst: „Wie fühle ich mich, wenn ich denke, ich fühle mich von Dir nicht verstanden?" Entdecke so das wahre Gefühl dahinter.

Dann kannst Du sagen: „*Ich bin* traurig ... ärgerlich ... wütend ... frustriert" oder Ähnliches. Bleibe mit Deinen Worten bei Dir. So greifst Du den Anderen nicht an, und er wird dadurch weniger häufig in Deckung gehen oder zum Gegenangriff ausholen. So kann er viel besser verstehen, was Dich bewegt.

Reagiere nicht spontan auf alles, was Dich innerlich sehr mitnimmt. Manchmal hilft es, sich in Ruhe über Gesagtes oder Erlebtes Gedanken zu machen, bevor man sich dazu äußert. Atme erst einmal tief durch. Bitte, wenn nötig, ruhig und freundlich um eine Auszeit und ziehe Dich eine Weile zurück. Gehe dann die Schritte (Beobachtung, Gefühl, Bedürfnis, Bitte) zuerst innerlich für Dich selbst. Versuche Dir darüber klar zu werden, welches Gefühl in Dir ausgelöst wurde, welches Bedürfnis nicht erfüllt wurde.

Entspannungsübung: Atempause – einen liebevollen Blick entwickeln

Die Übung kann Dich dabei unterstützen, besser mit Dir und anderen in Verbindung zu kommen, mit der Menschlichkeit in uns allen. Du kannst Dich über den Atem mit Dir verbinden, Deinen Körper spüren und lernen, durch Achtsamkeit Mitgefühl zu entwickeln. Mitgefühl und Freundlichkeit für Dich selbst und andere.

Die Übung wurde von der Schauspielerin, Alexander-Technik-Lehrerin und GFK-Trainerin Katrin Kluge in Zusammenarbeit mit mir für Menschen in Trauer entwickelt. Du kannst die Übung vorab lesen und dann aus dem Gedächtnis machen, oder Du machst sie mit jemanden zusammen und lässt sie Dir vorlesen.

Eine Aufnahme der „Atempause“, von Katrin Kluge gesprochen, kannst Du unter www.anicic-coaching.de oder www.ellert-richter.de anhören.

Es kann sehr wertvoll sein, wenn Du Dir täglich ein paar Minuten Zeit nimmst, um Dich bewusst mit Deinem Atem und dem Ort in Dir, wo Du Du selbst sein kannst, zu verbinden. Du kannst die Übung im Stehen, Sitzen oder Liegen machen. Nimm Dir einfach ein paar Minuten Zeit. Deine Augen können geöffnet oder geschlossen sein. Wähle es in jedem Fall so, dass Du Dich wohl fühlst.

Ich lade Dich jetzt ein, Deinen Atem wahrzunehmen. Wo kannst Du ihn gerade am deutlichsten spüren? Im Bereich der Nase, wie die Luft einströmt? In Deiner Luftröhre? Deinem Brustraum? Oder vielleicht spürst Du die Resonanz im Bauchraum durch die Atembewegung? Bleibe mit Deiner Aufmerksamkeit einfach an der Stelle, wo Du den Atem jetzt gerade am deutlichsten spüren kannst.

Breite Dich so von innen her immer mehr aus in Dir. Spüre Deinen Körper von innen. Du kannst über Deine Haut die Unterstützung von außen wahrnehmen. Was trägt Dich? Lade Deine Aufmerksamkeit ein, Dir die Kontaktflächen bewusst zu machen, wo sie sind und wie Du sie spüren kannst: im Stehen unter Deinen Füßen, im Sitzen unter dem Becken, im Liegen unter dem Becken und Rücken; vielleicht gibt es im Liegen auch Unterstützung unter den Händen und unter dem Kopf.

Ich lade Dich ein, im Getragensein anzukommen und die Unterstützung von außen zu genießen. So wie es ist, ist es okay. Es braucht in diesem Moment nichts anders sein. Dein Gewicht fließt erdwärts, Richtung Erdmittelpunkt. Du lässt Dich selbst in Ruhe. Du gibst

Deinem Körper Zeit und Raum, alle körperliche und emotionale Belastung des Tages loszulassen.

Wenn Deine Aufmerksamkeit anfängt umherzuwandern – so wie sie es normalerweise häufig tut –, lade sie mit einer liebevollen Stimme und einem herzlichen Ton ein, zurückzukommen zu Deinem Atem. Am Anfang ist für Deine Aufmerksamkeit vermutlich fast alles spannender als Dein Atem. Schau, ob sie bereit ist, zur Empfindung des Atems zurückzukommen. Geräusche und Veränderungen in der Umgebung können Deine Aufmerksamkeit auf sich ziehen. Erkenne das dankbar an und kehre wieder zurück zu Deiner Atembewegung.

Dein Atem ist ein kraftvoller Anker, um in den Körper zu kommen und im Hier und Jetzt zu landen. Spüre Deinen Atem in Dir. Nimm wahr, dass Du ein fühlendes Wesen bist, dass Du in Dir anwesend bist.

Halte inne und frage Dich: Wie fühle ich mich gerade? Wie geht's mir gerade? Bin ich vielleicht müde? Oder eher wach? Bin ich satt? Hungrig? Vielleicht erschöpft? Angespannt? Traurig? Irritiert? Bin ich neugierig? Bin ich ruhig? Gesammelt? Hoffnungsvoll? Vielleicht mutig, sanft, warmherzig?

Gehe jetzt noch einen Schritt weiter, eine Schicht tiefer. Und frage Dich: Was brauche ich gerade? Wonach sehne ich mich? Wärme? Ruhe? Kontakt? Geht es um Angenommensein? Verbindung? Sicherheit? Was ist mir gerade wichtig? Wertschätzung? Ehrlichkeit? Geht es um Verstehen? Sehne ich mich nach Toleranz, brauche ich Trost, geht es um Selbstbestimmung, Erholung, Privatsphäre, Gemeinschaft?

Bleibe einfach noch einen Moment da im Sein, mit dem, was gerade in Dir lebendig ist. Nimm Deinen Atem wahr und lass nachklingen, was Du in Dir gespürt und gehört hast.

Und mache, was Dir jetzt guttut. Vielleicht möchtest Du Dich ein bisschen räkeln, recken und strecken. Oder Deine Finger und Zehen bewegen. Vielleicht gähnen, einen Ton und ein paar Wohlfühllaute von Dir geben. Schau, was Du jetzt gerade brauchst und was Dir guttut.

Falls Deine Augen geschlossen sind, kannst Du sie langsam öffnen, das Licht reinkommen lassen und wieder ganz in dem realen Raum ankommen – da, wo Du bist. Nimm noch drei tiefe Atemzüge, bevor Du mit Deiner Aufmerksamkeit wieder ganz dort ankommst, wo Du jetzt bist.

Vielleicht möchtest Du Deine Gedanken und Erfahrungen aufschreiben, malen oder Dich austauschen, falls Du diese Übung mit jemand zusammen gemacht hast.

Nimm Dir in jedem Fall noch einen Moment Zeit mit der Frage: Was nehme ich heute aus der Übung für mich mit? Ich wünsche Dir, dass es Dir oft möglich sein wird, liebevoll und achtsam auf diese oder eine andere Art mit Dir in Kontakt zu kommen.

Noch ein Hinweis zur Gewaltfreien Kommunikation: Wenn Du nur Teile der vier Komponenten der GFK im Gespräch mit Dir oder anderen nutzt, ist das auch völlig okay. Es geht nicht um das perfekte Beherrschen einer Technik, sondern um die Absicht, sich von Herzen mit sich selbst und anderen zu verbinden. Ich bin fest davon überzeugt, dass Dir diese Art der Selbsteinfühlung und der Kommunikation in dieser Zeit und auch in Zukunft sehr dabei helfen kann, mehr Verständnis für Deine Mitmenschen, ihre und Deine Gefühle, Wünsche und Bedürfnisse zu erlangen. Ja, auch mehr Verständnis von Dir selbst für Dich.

Auch in Deiner Nähe finden bestimmt Kurse, Workshops oder Treffen von Gruppen statt, die sich in Gewaltfreier Kommunikation üben. Hier kannst Du Menschen kennenlernen, denen ein friedvolles Miteinander und eine mitfühlende Art der Kommunikation wichtig sind.

Wenn Du Deine echten Gefühle genauer erkunden möchtest, nimm gern die folgenden Listen zur Hand, die einige Gefühle bei nicht erfüllten und bei erfüllten Bedürfnissen zeigen. Dann höre in Dich hinein, welches Gefühl Dich gerade bewegt.

Gefühle, wenn Bedürfnisse erfüllt sind:

---

abenteuerlustig
angeregt
aufgeblüht
aufgedreht
aufgemuntert
aufgeschlossen
aufgeweckt
aufmerksam
ausgeglichen
ausgeruht
befreit
befriedigt
begeistert
behaglich
belebt
belustigt
berauscht
bereichert
berührt
beruhigt
besänftigt
beschwingt
beteiligt
bewegt
bezaubert
dankbar
eifrig
einbezogen
ehrfürchtig
ekstatisch
elektrisiert
energiegeladen
energisch
enthusiastisch
entlastet
entschlossen
entspannt
entzückt
erfreut
erfrischt
erfüllt
ergriffen
erleichtert
ermutigt
erquickt
erregt
erstaunt
erwartungsvoll
fasziniert
frei
freundlich/freundschaftlich
friedlich
fröhlich
froh
gebannt
gefasst

gelassen
gelöst
gespannt
gerührt
gesammelt
geschützt
getröstet
glücklich
gut gelaunt
harmonisch
heiter
hellwach
herzlich
hilfsbereit
hingerissen
hocherfreut
hoffnungsvoll
inspiriert
interessiert
jubelnd
klar
konzentriert
kraftvoll
kreativ
lebendig
lebenslustig
leicht
leidenschaftlich
liebevoll
locker
lustig
mitfühlend
mit Liebe erfüllt
motiviert
munter
mutig
neugierig
nüchtern
offen
optimistisch
ruhig
sanft
satt
schwungvoll
selbstsicher
selig
sicher
souverän
stark
staunend
still
stimuliert
stolz
strahlend
teilnahmsvoll
überglücklich
unbekümmert
unbeschwert
unbesorgt
tatkräftig

verblüfft
vergnügt
verliebt
versichert
vertrauensvoll
verzaubert
voller Bewunderung
lebenslustig
warmherzig
wachsam
wohlgemut
wohlwollend
zärtlich
zentriert
zufrieden
zuneigend
zutraulich
zuversichtlich

Gefühle, wenn Bedürfnisse nicht erfüllt sind:

---

abgeneigt
abgeschlagen
abgespannt
alarmiert
angeekelt
angeödet
angespannt
angewidert
ängstlich
ärgerlich
argwöhnisch
aufgeregt
aufgewühlt
ausgehungert
ausgelaugt
außer mir
bedrückt
beklommen
bekümmert
beleidigt
berührt
beschämt
besorgt
bestürzt
betroffen
betrübt
bitter
blockiert
deprimiert
durcheinander

eifersüchtig
einsam
elend
empört
entmutigt
entrüstet
entsetzt
enttäuscht
entwaffnet
erbost
ermüdet
ernüchtert
erregt
erschlagen
erschöpft
erschreckt
erschüttert
erstarrt
fassungslos
frustriert
furchtsam
gehemmt
gekränkt
geladen
gelangweilt
genervt
gequält
gerädert
gereizt
gestresst
grollend
hasserfüllt
hilflos
hin- und hergerissen
irritiert
kaputt
kribbelig
melancholisch
misstrauisch
müde
mürrisch
niedergeschlagen
ohnmächtig
panisch
passiv
peinlich berührt
perplex
pessimistisch
rachsüchtig
rasend vor Wut
ruhelos
sauer
scheu
schlapp
schockiert
schüchtern
schwankend
schwerfällig
sehnsüchtig
skeptisch

sorgenvoll
sprachlos
starr
still
streitlustig
teilnahmslos
träge
traurig
überdrüssig
überlastet
überrascht
übersättigt
überwältigt
ungläubig
unglücklich
unruhig
unsicher
unzufrieden
verängstigt
verärgert
verbittert
verdrießlich
verdrossen
verlegen
verletzlich
verletzt
verloren
verschlossen
verschwiegen
verspannt
verstimmt
verstört
verunsichert
verwirrt
verzweifelt
voller Abneigung
widerwillig
wütend
zaghaft
zappelig
zerbrechlich
zerrissen
zerschlagen
zitternd
zögerlich
zornig
zwiespältig

8. Wie kann ich das Verlorene um meiner selbst willen auf eine wertvolle Art sehen?

Du hast vielleicht den Eindruck, Dein Leben im Moment nicht selbst gestalten zu können. Möglicherweise nimmst Du das fast wie eine Lähmung wahr, verbunden mit einer fehlenden Zuversicht auf eine lebenswerte Zukunft. Auch das sind ganz normale Gefühle und Gedanken in Deiner Situation, vielen Menschen geht es genauso.

Doch es gibt etwas, das uns in diesem emotionalen Tal sehr helfen kann: Dankbarkeit. Tatsächlich können wir fast allen Menschen, die uns ein Stück unseres Weges begleitet haben, dankbar sein. Selbst wenn wir verlassen wurden. Für die allermeisten Erfahrungen können wir dankbar sein. Wir können dankbar sein für alles, was andere uns gegeben haben und was unser Leben reich gemacht hat.

Ebenso können wir dankbar sein für das, was sie uns nicht gegeben haben, denn so konnten wir erkennen, was wir eigentlich brauchen und uns wünschen. Für die Freuden und auch für den Schmerz können wir dankbar sein, denn so konnten wir erfahren, dass wir in der Lage sind, tief zu empfinden.

Frag Dich daher auch: Wofür bist Du Deinem Verlorenen dankbar? Schreibe es auf. Vielleicht beginnst Du, ein Dankbarkeitstagebuch zu führen. Nimm Dir jeden Tag ein wenig Zeit, um Dich auf Deine Dankbarkeit zu konzentrieren, darauf, was der Andere Dir gegeben hat. Das kann auch nur eine Erkenntnis gewesen sein, oder Möglichkeiten, die durch ihn oder auch durch den Verlust für

Dich ganz neu entstanden sind. Lass dabei auch nicht die Seiten aus, die für Dich verletzend waren. So lernst Du, auch sie als wichtige Erfahrungen in Dein zukünftiges Leben mitzunehmen.

Denn sowohl das, was wir als „gut“ empfinden, als auch das, was wir als „schlecht“ einordnen, hilft uns auf dem Weg zu mehr innerer Ruhe und der Verwirklichung unserer ganz eigenen Wertewelt. Du kannst entscheiden, was für Dich hilfreich war, was Du bewahren möchtest und was Du in Dein neues Leben einfügen willst. Auch jetzt.

Mit der Dankbarkeit verhält es sich ganz ähnlich wie mit der Vergebung. Du musst nicht dankbar sein, wenn Du nicht willst. Nur: Es ist schwer, gleichzeitig dankbar und hoffnungslos zu sein.

9. Ich muss viele Entscheidungen treffen, gerade jetzt. Wie schaffe ich das bloß?

Nach einem Verlust sehen wir uns oft mit Entscheidungen konfrontiert, die uns schon in normalen Zeiten schwerfallen würden. Was ist richtig: Eine kleine oder eine große Trauerfeier? Das Haus behalten oder verkaufen? In eine andere Stadt ziehen? Den Job wechseln? Was passiert mit dem Auto? Und so weiter.

Du bekommst in dieser Zeit ganz bestimmt sehr viele gut gemeinte Ratschläge – aber denke daran: Du bist der Mensch, der mit den von Dir getroffenen Entscheidungen gut weiterleben soll! Daher ist es jetzt besonders wichtig, dass Du Entscheidungen aus tiefstem

Herzen triffst und nicht nur, weil sie vernünftig erscheinen oder andere Dich dazu drängen.

Für mich ist für die Entscheidungsfindung das Tetralemma eine gute Hilfe, das Matthis Varga von Kibéd und Insa Sparrer entwickelt haben. Ich arbeite in der Trauerbegleitung gern mit dieser kleinen Aufstellung.

Du kannst das entweder für Dich alleine machen, oder Du bittest jemand Dir Nahestehenden, Deine jeweiligen Gedanken oder Erkenntnisse für Dich aufzuschreiben, um sie dann im Anschluss gemeinsam anzuschauen und durchzusprechen.

Nehme fünf Bogen Papier und schreibe darauf:

1. Das Eine
2. Das Andere
3. Beides
4. Keins von beiden
5. All dies nicht – und selbst das nicht! Der Joker

Dann nimmst Du Blatt 1 („Das Eine“) und legst es vor Dich auf den Boden. Jetzt denkst Du an die Entscheidung oder das Dilemma, das Dich zurzeit bewegt.

Der nächste Schritt: Stelle Dich auf das Blatt. Ja, genau, einfach drauftreten. Und stelle Dir die erste Entscheidungsmöglichkeit vor. (Wenn es zum Beispiel darum geht, ob Du das Haus verkaufen sollst oder nicht, stelle Dir jetzt vor, Du hast das Haus verkauft.)

Es ist passiert. Fühle Dich in diese Situation ein.

Bist Du allein, dann lasse das Buch jetzt einfach aufgeschlagen in Deiner Hand, schaue die einzelnen Fragen an und denke nacheinander über jede von ihnen nach – hast Du Begleitung, dann lass Dir die Fragen, eine nach der anderen, vorlesen.

- Was ist jetzt möglich?
- Welches Gefühl entsteht dabei?
- Wo spürst Du das?
- Woran erinnert Dich das?
- Was ist der Gewinn?
- Wie fühlt sich das an?
- Was ist der Preis?
- Welches Gefühl entsteht?

Wenn Du noch etwas tiefer gehen möchtest, versuche die Augen zu schließen und frage Dich:

- Was taucht auf?
- Wessen Stimme hörst Du?
- Was sagt er/sie?
- Wo hörst Du die Stimme?

Wenn Du die Übung alleine machst, kannst Du Dir wichtige Erkenntnisse entweder sofort oder hinterher aufschreiben, oder Du lässt das Ganze einfach auf Dich wirken. Wenn Du jemanden bei Dir hast, lasse den Anderen Deine Antworten notieren, wenn Du magst.

Nun nimmst Du Blatt 2 („Das Andere") und gehst genauso vor, mit denselben Fragen. Nur dass Du Dich diesmal in die alternative Variante Deiner Entscheidung einfühlst.

Anschließend gehst Du in der gleichen Weise auch mit den anderen drei Blättern vor. Vielleicht kommt Dir Blatt 3 („Beides") seltsam vor, aber Du wirst sehen, es gibt oft Beides, eine vielleicht übersehene Vereinbarkeit.

Blatt 4 („Keins von beiden“) kann ganz neue Ideen zutage fördern, und Blatt 5, der Joker, eröffnet Dir jeden Gedankenspielraum, auch für bislang vielleicht völlig Undenkbares: Ohne „vernünftig“ sein zu wollen und zu müssen, frei von Erwartungshaltungen und frei von anderem, was Dich in Deiner Wahl beeinflussen könnte, kannst Du einfach drauflos denken und fühlen.

Wenn Du am Ende der Übung noch keine Entscheidung getroffen hast, ist das okay und normal. Diese Übung wirkt häufig später noch nach, und dann ploppen plötzlich wertvolle Erkenntnisse auf. Was Du in jedem Fall gewonnen haben könntest, ist zumindest etwas Klarheit. Sie ist immer der erste Schritt auf dem Weg zu einem guten Entschluss.

Tetralemma: So in etwa sollte es am Schluss aussehen (ich habe auf dem Bild die verknitterten Fußabdrücke vom Draufstehen ausgelassen ...)

10. Ich fühle mich so schwach, wo ist meine Stärke geblieben?

Jeder Mensch hat besondere Eigenschaften und Fähigkeiten, die ihm helfen, selbst schwierigste Zeiten zu meistern. Jeder. Es ist nicht leicht, in Krisenzeiten ein Bewusstsein dieser Stärken zu bewahren. Besonders, wenn Du sie vorher, in leichteren Zeiten, auch nicht bewusst wahrgenommen hast.

Lass uns einmal Deine Stärken betrachten. Eine kleine Übung kann Dir dabei helfen.

Der wunderbare Stärken-Finder

Du brauchst dafür

- ein Band, ein kurzes Seil oder Ähnliches
- vier große Bogen Papier
- einige kleine Zettel (um ein bis drei Wörter darauf zu schreiben)
- einen Stift

Bestimmt erinnerst Du Dich, dass Du jederzeit gut zu Dir sein darfst. Wir beginnen also mit einem Lächeln. Nimm das Band und lege damit dieses „Lächeln“ auf den Boden. Wenn Du selbst dabei lächelst, ist das schön und kann Dich motivieren, aber das muss nicht sein.

Dann nimmst Du die vier großen Blätter und einen Stift. Auf das erste Blatt schreibst Du „Meine Stärken“ und legst es mittig ganz nach oben auf den Boden. Jetzt beschriftest Du die anderen drei Blätter: „Vergangenheit“, „Heute“ und „Zukunft“.

So sollte es ungefähr aussehen:

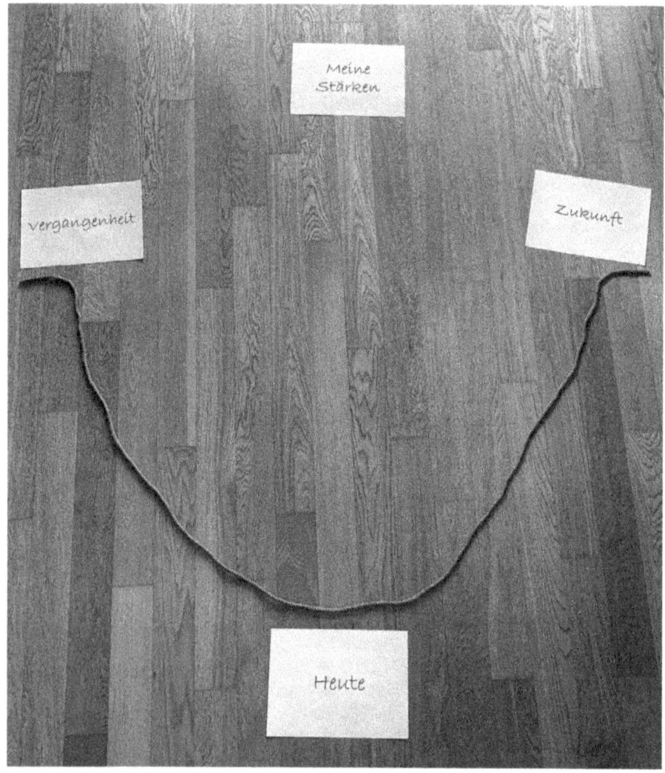

Die Übung soll Dir helfen herauszufinden, welche Kräfte, Talente, Fähigkeiten und hilfreichen Werte in Dir stecken. Die Übung ermöglicht Dir, sie hervorzuholen und Dir selbst zu visualisieren.

Mache es Dir nun so gemütlich, wie Du es brauchst, um auf einzelne kleine Zettel Deine Stärken zu schreiben. Wir fangen in der Vergangenheit an. Versuche Dich zu erinnern:

- Was konntest Du früher gut?
- Wobei hast Du Dich richtig wohl gefühlt?
- Worauf konntest Du zurückgreifen?
- Was hat Dir damals geholfen, mit herausfordernden Situationen und Aufgaben umzugehen?

Dann gehe einen Schritt weiter. Welche Lebens-Prüfungen hast Du gemeistert? Was genau hat Dir dabei geholfen?

Schreibe alles, was Dir einfällt, auf die kleinen Zettel. Bewerte nicht, ob Du damit Deiner Meinung nach besonders erfolgreich warst, darauf kommt es hier nicht an. Du sollst nur versuchen, wohlwollend zu Dir zu sein und alles positiv auszudrücken. Hinter Deinem Verhalten steckt ja ein Bedürfnis.

Ein Beispiel: Vielleicht hast Du in der Vergangenheit Vermeidungsstrategien gepflegt? Positiv gewendet: Das „Weglaufen" in jener Zeit könnte für Dich bedeutet haben, „Schutz zu finden".

Spannend kann auch sein, die Perspektive zu wechseln: Was würden andere, Dir Nahestehende, antworten, wenn sie nach Deinen Stärken gefragt werden würden? Vermutlich kommt da einiges zusammen. Auch das gehört zu dem, was Du aufschreiben solltest.

Wenn Du alles notiert hast, egal, ob es viel ist oder wenig, lege die Zettel zwischen „Vergangenheit" und „Heute" an das Seil. Wenn Du magst, kannst Du alles in eine zeitliche Reihenfolge bringen, von Deinen kraftvollen Fähigkeiten während der ersten Herausforderungen bis zu Deinen jüngsten hilfreichen Begabungen.

Falls Dir dabei noch weitere Stärken einfallen, schreibe sie einfach auf und lege sie dazu.

Nun kommen wir zum „Heute“. Nicht ohne Grund liegt „Heute“ am tiefsten Punkt dieses Lächelns. Möglicherweise ist Dir durch Deinen Verlust schon seit Längerem die Freude abhanden gekommen.

Denke bitte trotzdem darüber nach: Gibt es etwas, das Dich im Moment nicht ganz so schwach fühlen lässt, sondern ein kleines bisschen stark? Etwas oder jemand, der Dir Kraft gibt? Kann eine Verbindung, eine Tätigkeit, eine Aufgabe eine Stärke sein? Ich glaube schon. Überlege auch wieder, was andere über Dich und Deine Fähigkeiten sagen würden. Schreibe alles auf und lege es zum „Heute“.

Nun schauen wir noch auf das Morgen und die folgenden Tage, Deine Zukunft. Mir ist bewusst, dass das eine große Herausforderung sein kann, deshalb darfst Du Dir jetzt viel wünschen. Du hast so viele Stärken-Wünsche frei, wie Du brauchst. Und das Tolle: Deine Wünsche werden sofort erfüllt!

Du bist jetzt hier, in dieser Zukunft. Was hat Dir geholfen, all das zu überwinden, was Dir gestern noch so schwerfiel? Schreibe auf, welche Fähigkeiten, Stärken, Eigenschaften usw. Du jetzt hast – jetzt, in Deiner Wunsch-Zukunft. Schreibe sie auf, dann lege die Zettel zum Blatt „Zukunft“.

Auch hier kannst Du sortieren, wenn Du willst: Was war die erste Stärke, die Du entwickeln konntest oder wiederentdeckt hast? Was hat Dir zuallererst geholfen? Was danach?

Wenn Du alles ausgelegt hast, kannst Du es auf Dich wirken lassen.

Meine Klienten machen sich gern Fotos davon, bevor sie die Zettel einsammeln und sie in drei Umschlägen aufbewahren (beschriftet mit: Stärken Vergangenheit, Stärken Heute, Stärken Zukunft).

So kannst Du es auch für Dich machen und jederzeit noch Zettel mit neu entdeckten Stärken hinzufügen. Denn Du wirst sehen: Je mehr Du Dir Deiner Stärken bewusst wirst, umso mehr werden Dir noch einfallen oder sich entwickeln. Das kann gerade jetzt für Dich einen unschätzbaren Wert haben. Es ist alles in Dir.

Gönne Dir danach Ruhe, mache etwas, das Dir guttut und gesund und hilfreich ist. Vielleicht machst Du einen Spaziergang an der frischen Luft oder legst Dich eine Weile entspannt hin.

Wer kann helfen, wenn ich alleine nicht zurechtkomme?

Es ist ein Zeichen von Stärke, Hilfe zu suchen und anzunehmen. Auch wenn Dich Dein familiäres oder soziales Netz nicht trägt: Es gibt eine Vielzahl von Angeboten, und Du kannst wählen, wer oder was jetzt für Dich am hilfreichsten ist. Schaue im Internet nach oder wende Dich an Bekannte, Arbeitskollegen, Nachbarn oder Deinen Hausarzt und frage nach Empfehlungen. Du wirst überrascht sein, wie viele Menschen bereits Unterstützung gesucht und gefunden haben und Dir nun mit ihren Erfahrungen helfen können.

Manchmal bieten aber auch Menschen, von denen wir es nicht vermuten, weil sie uns eigentlich gar nicht so nahe stehen, gerade jetzt wertvolle Hilfe. Das kann die Marktfrau auf dem Wochenmarkt sein, die Dich auf ein Schwätzchen einlädt und Dir zuhört, der alte Schulfreund, der sich nach Jahrzehnten wieder meldet und mit dem Du Dich auf Anhieb so gut verstehst, als hättet ihr gestern noch zusammen die Schulbank gedrückt, oder die Nachbarin, die Dich immer mal wieder fragt, ob sie für Dich einkaufen soll, die Du dafür vielleicht zu Kaffee und Kuchen einlädst, woraus sich dann ein wunderbares Gespräch ergeben kann.

Du merkst schon: Miteinander reden, Erlebnisse, Erfahrungen und Erinnerungen mit anderen austauschen ist ein guter und wertvoller Weg ins Leben zurück. Das erfordert Mut – Mut, auf andere zuzugehen, und birgt auch die Möglichkeit, hin und wieder abgewiesen oder enttäuscht zu werden. Wie das Leben halt so spielt.

Es ist und bleibt Deine Entscheidung, ob Du Deinen Verlust mit anderen teilst oder ihn alleine mit Dir ausmachst. Aber Du solltest wissen: Es gibt da draußen für jeden Hilfe.

Möglicherweise gibt es Motivationsquellen oder Hobbys, die sich für Dich in Zeiten der Niedergeschlagenheit als besonders wertvoll erweisen. Hier kannst Du Energie zum Weitermachen tanken. Das kann Spazierengehen, Sport oder Spiel sein, das können handwerkliche Tätigkeiten wie Stricken, Töpfern, Basteln, Reparieren sein, geistige wie Lesen, Reflektieren oder Tüfteln am Computer oder kreative wie Schreiben, Malen, Musizieren, Tanzen, Theaterspielen, Einrichten.

Vielleicht führt Dich die eine oder andere Tätigkeit auch wieder mit Menschen zusammen, die Dir eine Stütze sein können. Und Du für sie.

Bindungs- und Interessen-Landkarte

Manchmal ist es ein guter erster Schritt, sich die Verbindungen, die Beziehungen, aber auch Interessen und Hobbys, die man hat, vor Augen zu führen. Auch die, die vielleicht in der Vergangenheit vernachlässigt wurden. Du kannst Dir ganz einfach Deine Landkarte zeichnen.

Bitte nimm Dir etwa zwanzig Minuten Zeit. So gehst Du vor: Zu Beginn zeichnest Du ein einfaches Symbol für Dich selbst auf ein leeres Blatt (mindestens A4-Größe). Das kann ein Kreis, ein Dreieck, ein Viereck sein, was immer sich für Dich richtig anfühlt. Schreibe „ICH" hinein.

Dann zeichne für die nächste Person oder ein wichtiges Interesse, ein Hobby, ein Tier oder was immer Dir als Erstes einfällt, ein weiteres Symbol. Schreibe die Bezeichnung dazu und eine kleine Zahl 1 daneben.

Durch die Entfernung zu Deinem Symbol kannst Du andeuten, wie nahe Dir die Person beziehungsweise das Interesse ist.

Bitte verbinde das Symbol nun durch eine Linie mit Deinem Symbol. Intensive Beziehungen bekommen zwei Linien, sehr intensive drei Linien.

Wenn eine Beziehung oder ein Interesse von Dir als schwierig oder schmerzlich wahrgenommen wird oder abgebrochen ist, dann ziehe bitte einen oder mehrere Querstriche durch die Verbindungslinie.

Gehe weiter so vor, zeichne weitere Symbole, nummeriere und beschrifte sie, sortiere dabei nicht nach Personen, die Dir vermeintlich am nächsten sind, sondern danach, was oder wer Dir zuerst einfällt. Es können auch Personen sein, die nicht mehr am Leben oder nicht mehr in Deinem Leben sind, sie können hier trotzdem ihren Platz finden.

Versuche, während der Übung nicht zu viel über die einzelnen Personen bzw. Interessen nachzudenken, sei möglichst spontan. Schreibe auf, was Dir nacheinander in den Kopf kommt.

Nach ca. zwanzig Minuten solltest Du fertig sein, dann ist es an der Zeit, sich die Zeichnung anzuschauen.

- Was fällt Dir auf?
- Was überrascht Dich?
- Wo möchtest Du Veränderungen anstoßen?
- Wem oder was könntest Du mehr Zeit widmen?
- Oder weniger?

Es kann für Dich gerade jetzt besonders hilfreich sein, Deine Beziehungen und Deine Interessen in dieser Form zu visualisieren und sie Dir damit bewusst zu machen. Vielleicht erkennst Du auf diese Weise Unterstützungsmöglichkeiten für Deine aktuelle Situation.

Es ist spannend, hin und wieder eine neue Landkarte zu zeichnen und zu schauen, was sich verändert hat im Laufe der Zeit, im Laufe Deiner Entwicklung.

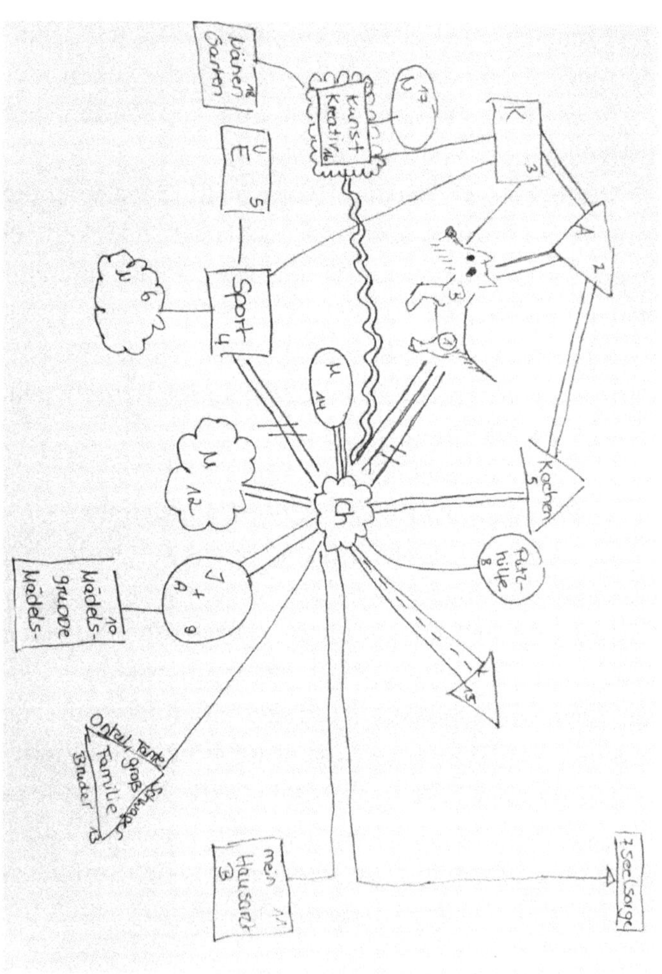

Beispiel für eine Bindungs- und Interessen-Landkarte

Noch ein Hinweis. Wenn es sich einmal ganz besonders schlimm anfühlt: An 365 Tagen im Jahr findest Du hier 24 Stunden lang telefonisch oder im Chat „Erste Hilfe“: bei der Telefonseelsorge Deutschland. Per Telefon unter 0800/111 0 111, 0800/111 0 222 oder unter 116 123. Per Mail und Chat erreichst Du Hilfe unter www.online.telefonseelsorge.de

Auf der Website heißt es: „Die TelefonSeelsorge® ist für jeden da, für alte und junge Menschen, Berufstätige, Hausfrauen, Auszubildende oder Rentner, für Menschen jeder Glaubensgemeinschaft und auch für Menschen ohne Kirchenzugehörigkeit. Mehr als 1,2 Millionen Gespräche werden jedes Jahr geführt, kostenfrei und rund um die Uhr. Denn Sorgen wiegen schwer, und sie richten sich nicht nach Tages- oder Öffnungszeiten. Dafür haben sie auch mitten in der Nacht ein offenes Ohr. Die ehrenamtlichen Mitarbeiterinnen und Mitarbeiter sind sich ihrer verantwortungsvollen Aufgabe bewusst und nehmen Ihren Anruf ernst – egal, ob um acht Uhr morgens oder um Mitternacht.“

Deine Werte

Verlust und Veränderung gehen Hand in Hand, Dein Leben wandelt sich. Vielleicht kannst Du diesen Wendepunkt nutzen, um Dir die für Dich wichtigen Werte bewusst zu machen? Werte sind bedeutsame und positiv empfundene Überzeugungen, Einstellungen, Ideale und Bedürfnisse. Ein Leben, das Du mit Achtung und dem Versuch der Einhaltung Deiner Werte lebst, kann von mehr Zufriedenheit, Gelassenheit und Authentizität geprägt sein.

Klar definierte Werte sind gute Entscheidungshilfen, wenn eine Entscheidung notwendig ist. Sie können es Dir erleichtern, Schwerpunkte im Leben zu setzen. Wenn Du Deine Werte kennst und pflegst, können sie ein wunderbarer Leitfaden werden für Deine zukünftigen Aktivitäten, Dein Engagement, ja Deine Zukunft. Wenn Du weißt, was Dir wichtig ist, wirst Du es leichter haben, ja oder nein zu sagen. Und zu dieser Entscheidung zu stehen. Du kannst dann auch klarer sehen, wer oder was Dein Energiereservoir füllt oder leert – und warum. Das heißt, Du kannst die vor Dir liegende Zeit sinnvoller für Dich nutzen.

Manche Werte, die fest in uns verankert sind, sind bei näherer Betrachtung vielleicht anerzogen oder beruhen auf Erwartungshaltungen, sei es von anderen oder von uns selbst. Manche von uns übernehmen die Werte, die vorgelebt wurden, ohne sie zu hinterfragen oder aus vollster Überzeugung. Andere lehnen sich dagegen auf. Manche leben eigene Werte schon früh, wieder andere machen sie sich erst später bewusst. Wenn Du möchtest, beziehst Du das in Deine Überlegungen mit ein und fragst Dich: Ist das wirklich wichtig für MICH oder für jemand anderen? Brauche oder will ICH das wirklich?

Unsere Interpretationen und Bewertungen unserer Lebensgeschichte beeinflussen manchmal Wertefestigkeit, Entschlossenheit und Beharrlichkeit, mit denen wir für etwas, das uns wichtig ist, einstehen. Viele von uns neigen dazu, sich selbst und ihre Errungenschaften sehr kritisch zu betrachten, anstatt zu versuchen, verständnisvoller und mitfühlender mit sich selbst umzugehen.

Solche Überlegungen können hilfreiche Erkenntnisse mit sich bringen. Wie bei jedem Gedanken, den wir uns über uns selbst machen, kann es auch mal schmerzhaft werden. Nur, Du bist ja jetzt schon ein echter Experte für Deinen Schmerz geworden und begibst

Dich bewusst auf diese Erkenntnisreise. Sammle Deine eigenen Werte und schreibe auf, was Dir ganz persönlich wichtig ist. Nimm Dir Deine Notizen immer mal wieder zur Hand, festige Deine positiven Gedanken und Deine Ausrichtung dadurch.

Als Anregung hier eine Werteliste, die Du nutzen kannst, um herauszufinden, was Dir wichtig ist. Sie ist alles andere als komplett, Du wirst bestimmt weitere für Dich bedeutsame Werte finden.

Hinzu kommt: Im Laufe eines Lebens verändern sich Werte, Wünsche und Einstellungen. Es ist wichtig, sich das bewusst zu machen und zu versuchen, mit diesen Veränderungen zu wachsen.

Werteliste

Achtsamkeit
Achtung
Ästhetik
Akzeptanz
Aufmerksamkeit
Ausdauer
Austausch
Beharrlichkeit
Besitz
Besonnenheit
Beständigkeit
Bewusstheit
Bildung
Dankbarkeit
Demut
Disziplin
Effizienz
Ehrlichkeit
Engagement
Entscheidungsfähigkeit
Entwicklung
Erfolg
Ernsthaftigkeit
Familie
Flexibilität
Freiheit
Freundlichkeit
Freundschaft

Friedfertigkeit
Fülle
Geduld
Gelassenheit
Genuss
Gerechtigkeit
Gesundheit
Glaubwürdigkeit
Gleichmut
Glück
Großzügigkeit
Güte
Harmonie
Häuslichkeit
Herzlichkeit
Hilfsbereitschaft
Hingabe
Humor
Innerer Frieden
Integrität
Intuition
Klarheit
Klugheit
Kompetenz
Kreativität
Lebensfreude
Leichtigkeit
Leidenschaft
Liebe
Loyalität
Macht
Menschlichkeit
Mitgefühl
Mut
Nachhaltigkeit
Nächstenliebe
Natur
Natürlichkeit
Neugierde
Neutralität
Offenheit
Optimismus
Ordnung
Partnerschaft
Pflichtgefühl
Pünktlichkeit
Respekt
Rücksicht
Ruhe
Ruhm
Sauberkeit
Selbstbestimmung
Sicherheit
Sinnlichkeit
Sorgfalt
Spaß
Spiritualität
Sportlichkeit
Stabilität
Taktgefühl

Tiefe
Toleranz
Tradition
Treue
Umweltbewusstsein
Unabhängigkeit
Unbestechlichkeit
Veränderung
Verantwortung
Verbindlichkeit
Verbundenheit
Verlässlichkeit
Vertraulichkeit
Wandel
Weiterentwicklung
Wertschätzung
Wissen
Würde
Zielstrebigkeit
Zugehörigkeit
Zuverlässigkeit
Zuversicht

Deine Zukunft

Es wird der Moment kommen, in dem Du spürst, dass das Leben wieder erträglicher wird. Dass die Trauer um Deinen Verlust weniger schmerzhaft sein kann. In diesem Moment fängst Du an, Dir zu erlauben, Pläne für Dein zukünftiges Leben zu machen.

Du bist durch Deinen Verlust gezwungen gewesen, Dich mit der einzigen wirklichen Gewissheit im Leben auseinanderzusetzen: Alles ist endlich. „Das Leben hat eine garantierte Sterblichkeitsrate von 100 Prozent", schreibt Lori Gottlieb in ihrem Buch „Vielleicht solltest Du mal mit jemandem darüber reden". Wir Menschen wissen das, eigentlich. Viele von uns haben diese Tatsache jedoch irgendwo tief in sich vergraben, vermeiden jeden Gedanken daran und verstecken das Wissen aus Angst vor zu erwartendem Schmerz.

Nur, das Erleben und die Akzeptanz der Endlichkeit von allem kann einem Erwachen gleichkommen. Plötzlich kannst Du wach sein für die Wichtigkeit eines jeden Moments. Es fällt Dir unversehens leichter zu entscheiden, womit Du Deine kostbare Zeit verbringen möchtest und womit nicht. Wen oder was Du unterstützen willst und wen oder was nicht. Worüber es lohnt, sich Gedanken zu machen, und worüber nicht. Was für Dich sinnvoll ist und was nicht.

Klare Entscheidungen, durch die Dein Leben auch oder gerade nach Deinem Verlust Sinn für Dich macht und im besten Fall auch für andere.

Die schwere Zeit hat Dir einen neuen Blick auf Deine Existenz abverlangt. Du musstest und willst jetzt vielleicht sogar ganz neue Entscheidungen treffen, andere als zuvor. Du bist bereit, Dich mit Deiner Lebensgeschichte, Deinen Wünschen und Werten auseinanderzusetzen. Du forderst Deinen verdienten Teil ein.

Versuche, das so bewusst wie möglich zu tun. Halte oft inne, schreibe Deine Gedanken auf, teile sie mit anderen. Deine Sinne sind geschärft. Du nimmst vieles intensiver wahr. Nutze diese Bewusstheit.

Jede Krise kann auch eine Chance bieten. Jede Krise kann auch etwas Schöpferisches in sich tragen. Jede Krise eröffnet neue Möglichkeiten und Sichtweisen. Immer.

In meinem Leben hat sich genau das bewahrheitet. Ich habe alle Tiefschläge verkraftet, wenn auch oft unter großen Schmerzen. Bin wieder aufgestanden, bin hier, fühle mich heute stark wie nie zuvor, gewachsen an meinen Krisen. Ich habe allen Momenten der Not und des Elends mit Einsatz und meinem Blick nach vorne getrotzt. Ich nehme alles dankbar an – so, wie es ist.

Im Coaching und in der Trauerbegleitung arbeite ich genau damit. Der Fokus richtet sich auf das Heute und die Zukunft, mit großer Achtung der Vergangenheit.

Was Dir persönlich dabei helfen kann, gestärkt und zuversichtlich in die vor Dir liegende Zeit zu gehen, ist ganz abhängig von Deinen Interessen und Deinen Herzenswünschen. Aber wie ich schon gesagt habe, gibt es etwas, das Dir helfen kann, den Weg, der vor Dir liegt, besser zu meistern: Das Kennenlernen und Anwenden der sieben Schlüsselfaktoren für mehr innere Stärke.

Man nennt sie die **7** Säulen der Resilienz.

Mit ihnen kannst Du arbeiten, besonders in schweren Zeiten, auch als trauernder Mensch. Ich empfinde das Konzept, das aus einer Langzeitstudie der US-amerikanischen Entwicklungspsychologin Emmy Werner hervorging, speziell für Menschen nach einem Verlust als einen hilfreichen und wichtigen Begleiter.

Der Begriff Resilienz (lat. *resilire*: zurückspringen, abprallen) bezeichnet in der Psychologie die innere Widerstandsfähigkeit von Menschen gegenüber Belastungen und Veränderungen; die Aufrechterhaltung oder schnelle Wiederherstellung der psychischen Gesundheit während und nach Widrigkeiten; die Fähigkeit, Krisen ohne anhaltende Beeinträchtigungen zu überstehen, bestenfalls sogar gestärkt aus ihnen hervorzugehen und langfristig mental gesund zu bleiben.

Werner beschreibt das Wesen resilienter Menschen als „vulnerable but invincible“, also „verletzlich, aber unbesiegbar“. Resilienz ist kein allmächtiges Schutzschild. Sie hält einem nicht das Leben mit seinen Tiefen vom Leib. Auch resiliente Personen machen Phasen größter Verzweiflung und Ratlosigkeit durch.

Ein resilienter Mensch lebt aber mit dem Bewusstsein, auch in den aussichtslosesten, von Kummer dominierten Zeiten irgendwann wieder die treibende Kraft im eigenen Leben zu sein. Resilienz ist eine Form der Aktivität, des mentalen Antriebs und eine vorherrschend positiv ausgerichtete Denkweise: „Ich schaffe das – trotz allem.“

Prof. Raffael Kalisch, ein renommierter Neurowissenschaftler, beschreibt in seinem Buch „Der resiliente Mensch“, was über die Schutz- und Selbstheilungskräfte von Geist und Gehirn heute bekannt ist. Er verweist darin auf eine wichtige Studie. Sie trägt den Namen „Whatever does not kill us“ und wurde von Mark D. Seery durchgeführt (Department of Psychology, University at Buffalo).

Sein Wissenschaftlerteam analysierte die Angaben der Studienteilnehmer und stellte einen „Steeling“-Effekt (*steeling* = festigen, stählen) fest. Seery kam zu dem Schluss, dass Menschen, die in ihrem Leben einige schwerwiegende negative Erlebnisse zu verkraften hatten (zum Beispiel Verluste, schwere Krankheiten, Gewalterfahrungen, Naturkatastrophen, ernsthafte Beziehungskonflikte), zum Zeitpunkt der Umfrage psychisch gesünder, weniger gestresst und zufriedener waren als

Menschen, die gar keine oder nur sehr wenige negative Lebensereignisse erleben mussten. Tatsächlich waren die Studienteilnehmer mit drei bis vier schwerwiegenden Ereignissen psychisch stabiler als die mit nur einem oder gar keinem Negativerlebnis.

Wir Menschen verändern uns durch unsere Erlebnisse, durch unsere Erfahrungen, auch und gerade durch negative. Sie stärken uns – vorausgesetzt, wir öffnen uns gegenüber neuen Ideen und eignen uns eine positive, in die Zukunft gerichtete Denkweise an. Nur wenn Du Dich dem Leben aussetzt, kannst Du auch nach Verlusterfahrungen wieder ein Gefühl von Sicherheit, Kompetenz und Kontrolle erleben, das für jeden von uns so wichtig ist. Es lohnt sich, auch auf die gefühlte Gefahr hin, Rückschläge zu erleben, denn auch sie lassen Dich wieder lernen aus Deinen Erfahrungen.

Es ist so: Wir Menschen wachsen in der Krise.

Wir brauchen aber auch Erholung, Zeit für uns, um uns zu stärken, und für das, was das Leben noch für uns bereithält.

Raffael Kalisch: „Manchmal allerdings braucht man eine Phase des Rückzugs, bevor man sich wieder hinauswagen kann ins Leben. Eine Art temporären Schutzraum, in dem man Kraft schöpfen kann und der einem die Freiheit gibt, seine Gedanken zu ordnen und neu auf sein Leben zu schauen. Was ist mir da geschehen? Und warum? Welche Rolle spielt ein bestimmtes Ereignis in meinem Leben? Welche Bedeutung hat es für mich und wie gehe ich in Zukunft damit um?“

Genau das habe auch ich als sehr wichtig und enorm hilfreich erlebt während meiner dunklen Lebenszeiten. Ich musste mich wieder besinnen können. Es braucht diese Rückzugsmomente, ganz bewusst gewählt und durchgesetzt. Sichere Seelenorte lassen sich an vielen Stellen finden, auch im kleinsten Zimmer.

Ich habe tagelang jeden Abend auf dem Sofa sitzend nur in eine Kerze geschaut. Andere finden ihren Ort in der Natur, an der See, in den Bergen. Dein Ort kann überall dort sein, wo Du die Ruhe, den Frieden und die Freiheit hast, nach innen zu schauen, um Dich gedanklich mit Deiner inneren Heilung zu beschäftigen und dabei ganz in die Entspannung zu gehen. Irgendwann ist dieser innere, sichere Raum dann in Dir, egal, wo Du gerade bist.

Während oder nach einer selbstgewählten Zeit der Erholung und der Bewusstmachung Deiner Wünsche und Bedürfnisse kannst Du Dich, wenn Dir danach ist, mit diesem Resilienzkonzept beschäftigen.

Die 7 Säulen der Resilienz

Akzeptanz, Optimismus, Selbstwirksamkeit, Verantwortung, Netzwerkorientierung, Lösungsorientierung, Zukunftsorientierung.

1. Säule: Akzeptanz

Die schwerste Aufgabe war oder ist für Dich bestimmt, das Unabänderliche anzunehmen. Es kann Dich ungeheuer viel Kraft gekostet haben und tut es vielleicht noch immer, die Tatsache des Verlusts zu akzeptieren. Vielleicht hat Dir dabei geholfen, Dich bewusst, feierlich und würdigend zu verabschieden. Möglicherweise hast Du Rituale entwickelt, die Dir Kraft spenden. Du schreibst auf, wofür Du dankbar bist, Du tust das regelmäßig, um Dich zu erinnern an alle scheinbar noch so kleinen Dinge, Gesten, Hilfen, Ermutigungen, Erinnerungen. Du betrachtest alle aufkommenden Gefühle mit der Achtung und der positiven Bewertung, die sie verdienen. Gewiss fühlst Du Dich oft noch verunsichert, stellst das eine oder andere infrage. Aber Du lässt das zu, denn es ist vollkommen okay und ganz normal. Auch hin und wieder wehmütig zurückzublicken, bewusst in den Schmerz zu gehen und dann auch wieder hinaus, kann Dir weiterhin helfen, das Geschehene zu akzeptieren.

Übe Dich darin, jede neue Situation, jede Veränderung in Deinem Leben so anzunehmen, wie sie ist. Erkenne: Es ist, wie es ist. Was vorbei ist, ist vorbei. Stück für Stück findest Du Dich so mit dem Unabänderlichen ab.

2. Säule: Optimismus

Vielleicht fragst Du Dich gerade: Wie kann irgendjemand Optimismus von mir, von einem trauernden Menschen erwarten?

Natürlich erwarte ich gar nichts von Dir. Ich wünsche Dir nur ganz viel. Besonders wünsche ich Dir, dass Du es schaffst, zuversichtlich in Deine Zukunft zu blicken. Dass Du darauf vertraust, dass es besser wird. Dass der Schmerz weiter nachlässt. Und dass Du Dir erlaubst, mit guten Zeiten, mit dem Besten für Dich zu rechnen.

Übe Dich in Zuversicht, Vertrauen und Hoffnung. Nichts ist heilender als das.

3. Säule: Selbstwirksamkeit

Dein Verlust hat Dir gezeigt, dass es Grenzen Deiner Einflussnahme auf das Leben gibt. Sehr verletzende Grenzen vielleicht. Du bist möglicherweise an einem Punkt angelangt, an dem Deine Überzeugung, dass Du durch Dein Handeln die Herausforderungen Deines Lebens meistern kannst, besonders ins Wanken geraten ist. Das geht vielen so, Du bist nicht allein damit.

Doch es wird sie sicher weiterhin geben für Dich, diese Möglichkeiten, positive Erfahrungen zu machen. Auch jetzt. Fange mit ganz kleinen Schritten an. Setze Dir erreichbare Ziele, nimm Dir leichte Dinge vor. Jedes Erfolgserlebnis wird Dir den Glauben an Deine Fähigkeiten zurückgeben.

Sieh Dich einmal um. Gibt es ermutigende Vorbilder in Deiner Umgebung, Menschen, die Dir etwas bedeuten und die etwas bewirken konnten, auch in ganz schwierigen persönlichen Phasen? Warum solltest Du es dann nicht auch können?

Vertraue Menschen, die an Dich und Deine Fähigkeiten glauben. Lass Dir Mut machen. Glaube an Deinen Mut und Deine Kompetenzen. Du kannst vieles von dem schaffen, was Du Dir vornimmst. Auch jetzt.

4. Säule: Verantwortung

Schon die Worte Verantwortung oder Verantwortungsübernahme klingen für manche belastend und besonders schwierig in Zeiten von Niedergeschlagenheit. Dabei ist die Bedeutung doch eigentlich eine sehr schöne. Verantwortung heißt laut Duden nichts anderes als die „Verpflichtung, dafür zu sorgen, dass (...) alles einen möglichst guten Verlauf nimmt, das jeweils Notwendige und Richtige getan wird und möglichst kein Schaden entsteht".

Natürlich kann Dich das Wort Verpflichtung auch abschrecken, wenn Du Verpflichtung als etwas empfindest, was andere von Dir erwarten und was getan werden muss. Nun, diese Art von Verantwortung ist nicht gemeint.

Gemeint ist die Verantwortung, für die Du Dich bewusst entscheidest. Das Wissen darum, welche Verantwortung Du hast (und von Herzen zu übernehmen bereit bist) und welche Verantwortung andere haben. Es geht darum, aktiv zu sein, keine Schuld auf andere zu übertragen, sondern Lösungen zu finden. Das kannst Du auch jetzt, als trauernder Mensch, und es ist eine wichtige Haltung auf dem Weg zu mehr innerer Stärke.

Stelle Dich Deiner Verantwortung Dir und Deinen Lieben gegenüber, übernimm vielleicht sogar Verantwortung für Menschen, denen es noch schlechter geht, die auch Hilfe und Unterstützung bitter nötig haben. Die Übernahme von Verantwortung wird Dir mehr Kraft schenken, als sie Dich kosten wird.

5. Säule: Netzwerkorientierung

Darüber habe ich schon geschrieben, nur habe ich das Wort noch nicht benutzt. Es bedeutet, ganz einfach gesagt, dass Du Menschen in Dein Leben lässt und auch Neues in Gemeinschaft angehst. Du wirst Dir bewusst, wer schon für Dich da ist; schaue Dir dazu noch einmal die Übung „Bindungs- und Interessen-Landkarte" im Kapitel „Wege zur Selbsthilfe" an: Wer kann helfen, wenn Du alleine nicht zurechtkommst?

Du überlegst, wen oder was Du noch in Deinem Leben brauchen könntest. Du gehst mit offenen Augen und Ohren und ganz besonders mit geöffnetem Herzen für andere durch die Welt. Du traust Dich, andere um Hilfe zu bitten. Du bist Dir bewusst, dass es gemeinsam besser geht und dass Du auf die Unterstützung anderer zählen kannst. Dass Du anderen vertrauen kannst.

Ein ganz wunderbares Buch, das Du lesen könntest, um Dich dabei zu unterstützen, an das Gute im Menschen zu glauben – was eine große gedankliche Hilfe ist, wenn Du Dich auf neue Menschen einlässt –, ja das Gute in jedem sogar vorauszusetzen (eine tolle neue Sichtweise!), möchte ich Dir wärmstens empfehlen: „Im Grunde gut" von Rutger Bergman. Im letzten Teil des Buches veröffentlicht der Autor (zugegebenermaßen etwas widerwillig, da er kein Fan von Selbsthilfe-Büchern ist) zehn „Lebensregeln". Regel eins besagt: „Gehe im Zweifelsfall vom Guten aus."

Ich lebe mit einer ähnlichen Einstellung: „Ich bin okay – Du bist okay." Sie hilft mir sehr, um auf unbekannte Menschen zuzugehen und Neues gemeinsam mit anderen zu wagen. Die daraus resultierende Zuversicht ist ein echter Gewinn, besonders, wenn es mir einmal nicht gut geht. Ich werde selten enttäuscht.

6. Säule: Lösungsorientierung

Der Begriff klingt für einen trauernden Menschen mehr als herausfordernd. Wenn Du jedoch über Deine Bedürfnisse, Wünsche und Werte nachgedacht hast, Dir möglicherweise auch einige davon notiert hast, dann hast Du inzwischen viel mehr Klarheit darüber gewonnen, wie Du Dein Leben nun gestalten möchtest.

Dann ist es jetzt an der Zeit, aktiv zu werden, all das anzugehen und Deine Visionen für ein gutes Leben nach Deinem Verlust umzusetzen. Du weißt, was Dir wichtig ist. Du kannst Prioritäten setzen. Das Leben bietet Dir noch so viel. Gehe es an.

7. Säule: Zukunftsorientierung

Genau das ist es, worauf ich von Anfang an Deine Ausrichtung und Deinen Fokus richten wollte. Dass Du die Gewissheit gewinnst, dass eine gute, lebenswerte, eine wertvolle Zukunft vor Dir liegt. Plane die vor Dir liegende kostbare Zeit.

Sorge gut für Dich und für andere. Nimm Dir etwas vor. Vielleicht etwas, bei dem Du Dich weiterentwickeln kannst, bei dem Du noch wertvoller für Dich und andere wirst.

Lerne. Du kannst bis zum letzten Tag Deines Lebens lernen. Lernen macht das Leben reich, reich an neuem Wissen, an Erkenntnissen, neuen Kontakten, Erfolgserlebnissen und Erfahrungen.

Verschenke Zeit. Im besten Sinn des Wortes. Unterstütze andere. Teile Deine Lebenserfahrungen. Durch Deine Erlebnisse, auch durch die Verlustkompetenz, die Du unfreiwillig gewonnen hast, bist Du gewachsen. Du hast ein Wissen, das für andere von unschätzbarem Wert sein kann.

Mobilisiere das, was Du schon in Dir trägst. Stärke die Faktoren, die in Dir ausbaufähig sind. Eigne Dir jene an, die neu für Dich sind. Überlege Dir, wo Du etwas sinnvoll einsetzen kannst. Die einzelnen Säulen wirken wechselseitig und verstärken sich untereinander.

Für Dich können noch viele andere Faktoren im Leben stärkend sein und Deine ganz eigene Widerstandsfähigkeit erhöhen. Sie können Deine zusätzlichen Stützpfeiler werden, neben den vorher genannten Säulen. Sie können beitragen zu Deiner weiteren Festigung durch das Ausleben Deiner Werte. Bestimmt hast Du schon wahrgenommen, wie fließend der Übergang von Werten, Bedürfnissen und Resilienzfaktoren ist.

Achte darauf, was Dich stärkt, welche inneren Kräfte Dir die Gewissheit geben, dem Leben mit all seinen Höhen und Tiefen – trotz allem – gewachsen zu sein. Sammle Deine ganz eigenen Resilienzfaktoren und füge sie Deinen Notizen hinzu, wenn Dir danach ist.

Hier noch ein paar Beispiele als Gedankenanregung:

Anpassungsfähigkeit
Begeisterungsfähigkeit
Fokussierung

Gelassenheit
Genussfähigkeit
Glaube
gesunde Lebensführung
hilfreiche Emotionsregulation
Klarheit
Körperbewusstsein
Offenheit
Realismus
Ruhefähigkeit
Selbstkenntnis
Selbstmitgefühl
Selbstpflege
Selbstreflexionsfähigkeit

Im nächsten Kapitel kommen wir von der inneren Widerstandsfähigkeit zum Sinn. Doch bevor Du weiterliest, möchte ich Dir etwas vorschlagen. Bitte schreibe einen:

Brief aus der Zukunft an einen trauernden Menschen

Nimm Dir Zeit, suche Dir ein ungestörtes, ruhiges oder lebhaftes Plätzchen, ganz so, wie Du es magst, um entspannen zu können, und dann greifst Du zu Stift und Papier, ganz altmodisch.

Stelle Dir Folgendes vor: Einige Jahre sind vergangen, seit Du Deinen Verlust erleiden musstest. Überlege Dir, an welchem Tag und in welchem Jahr Du jetzt bist. Dieses Datum schreibst Du auf Deinen Briefkopf.

Du bist jetzt in diesem Jahr, an diesem Tag in der Zukunft. Ein lieber Mensch aus Deinem Umfeld, den Du persönlich nicht gut kennst, hat kürzlich einen Verlust erlitten. Er ist voller Trauer, vielleicht so ähnlich, wie Du es warst, damals.

Du hast viel durchmachen müssen, aber Du hast Deinen Verlust verkraftet – es geht Dir wieder gut. Vieles hat Dir dabei geholfen. Vielleicht auch Menschen, die für Dich da waren. Du fühlst Dich heute wieder stark und zuversichtlich. Daher bist Du nun Experte, wenn es um Verlust geht, und kannst Deine Erfahrungen mit diesem Menschen teilen, der sich gerade jetzt so elend fühlt. Du kannst ihm helfen, die schwere Zeit zu überstehen und daraus gestärkt hervorzugehen, so, wie es Dir gelungen ist.

Schreib ihm Deine Geschichte auf, erzähle von Dir. Was genau hat Dir geholfen, was ist damals bei Dir angekommen, was war der Grund, warum es Dir heute wieder so viel besser geht? Was hat Dir geholfen zu heilen?

Gib dem Menschen die Hoffnung, dass er es auch schafft. So, wie Du es geschafft hast. Fange so an:

Lieber trauernder Mensch,

Dein Sinn

„Wenn ich auf mein Unglück trete, stehe ich höher.“
Friedrich Hölderlin

Manche Erlebnisse, manche Vorfälle, manche Verluste, manche Schicksale muten so schrecklich sinnlos an. Sie lassen uns absolut ratlos und verzweifelt zurück. Ein Kind wird uns gewaltsam für immer genommen. Ein geliebter Mensch verlässt uns nach Jahrzehnten ohne ein Wort. Eine Fehlgeburt nach Monaten der freudigen Erwartung und der Hoffnung. Eine schwere Krankheit, die uns nach und nach alles raubt.

Wenn die Zeiten glücklich und sorglos sind, denken wir kaum über große Fragen des Lebens nach. Die Frage nach dem Sinn bewegt uns häufig erst in Krisenzeiten. Wir fragen uns dann: Warum ich? Wieso er oder sie? Macht das alles überhaupt noch Sinn?

Beispielhaft für schwere Krisenzeiten und den Umgang damit möchte ich Dir im Folgenden von Viktor E. Frankl, der Familie Hellwege und auch ganz persönlich von mir erzählen. Vielleicht nimmst Du aus diesen Geschichten etwas für Dich mit. Wie Du Deinen ganz eigenen Weg nach Deinem Verlust findest und ihn gehst, ist und bleibt Deine Entscheidung. So, wie Du ihn gehst, ist er vollkommen richtig, wenn er sich für Dich richtig anfühlt.

Viktor Emil Frankl war Arzt und Therapeut, er wurde 1905 in Wien geboren, wo er 1997 auch starb. Er studierte Medizin und Philosophie, arbeitete als Professor für Neurologie und Psychiatrie und war Begründer der Logotherapie.

Während des Zweiten Weltkriegs musste er drei Jahre in Konzentrationslagern verbringen, unter anderem in Theresienstadt, Auschwitz und Dachau. Er selbst überlebte, verlor jedoch seine erste Frau, seine Eltern und seinen Bruder. Nach dem Krieg führten ihn zahllose Vortragsreisen in alle Welt, sein Buch „ ... trotzdem Ja zum Leben sagen. Ein Psychologe erlebt das Konzentrationslager“ wurde millionenfach verkauft.

Frankl beschrieb seine eigene „Trotzmacht des Geistes“, die Möglichkeit von posttraumatischem Wachstum und die menschliche Fähigkeit der Resilienz, lange bevor dazu geforscht wurde. „Die Seele des Menschen kann bis zu einem gewissen Grad und innerhalb gewisser Grenzen auch dadurch gefestigt werden, dass sie eine Belastung erfährt“, erkannte Frankl. Zu dieser

Feststellung kam er nicht nur aus leidvoller eigener Erfahrung, sondern auch aufgrund der Therapie seelisch Erkrankter und seiner Kontakte mit Langzeit-Kriegsgefangenen.

Seine Bücher „Über den Sinn des Lebens“ und „Wer ein Warum zu leben hat“ enthalten weitere kluge Einsichten dieses großen Denkers und Menschenfreundes, der selbst nach Jahren der Qualen keinen Hass verspürte. Er beschreibt, wie er im Konzentrationslager, dem Ort der größtmöglichen Unmenschlichkeit, begriff, was den Kern des Menschen ausmacht, wenn ihm alles genommen wird: die Begegnung mit dem eigenen Selbst. Und er erkannte, dass die Ausrichtung auf die Zukunft entscheidend für ein Überleben ist.

Auch das „normale“ Leben hält Situationen bereit, die uns vieles oder gar alles nehmen und uns so keine Möglichkeit mehr lassen, einer Begegnung mit unserem eigenen Selbst auszuweichen. Oft wenden wir uns ja erst dann uns selbst zu, wenn uns das Leben keine andere Wahl mehr lässt. Wie eben auch in Zeiten des Verlusts, wenn wir uns, gezwungenermaßen und unter Schmerzen, selbst begegnen. Wenn uns das Schicksal plötzlich zwingt, uns mit der Frage auseinanderzusetzen, was das eigene Leben (noch) wesentlich, wertvoll und sinnvoll macht.

Frankl fordert dazu auf, nicht zu fragen, was wir vom Leben zu erwarten haben, sondern was das Leben von uns erwartet. Welche Aufgabe auf uns wartet. Auch und gerade in besonders herausfordernden Zeiten.

Die Sinnerfüllung ist dem Menschen seiner Ansicht nach in drei Hauptrichtungen möglich.

Erstens:

Durch das tätige Handeln. Indem der Mensch etwas tut, indem er etwas schafft, indem er ein Werk verwirklicht.

Zweitens:

Durch die Zuwendung zum anderen Menschen und dem Erleben schöner Eindrücke. Indem der Mensch etwas erlebt, die Natur, die Kunst, und indem er Menschen liebt.

Drittens:

Wenn ihm weder in der ersten noch in der zweiten Richtung die Möglichkeit gegeben ist, seinem Leben Wert zu verleihen und in ihm einen Sinn zu finden, kann auch die Art und Weise, wie der Mensch zu seinem Leiden innerlich Stellung nimmt, ein sinnstiftender Akt sein. Frankl: „Vom Menschen und nur von ihm ist abhängig, ob sein Leiden einen Sinn hat oder nicht. Schicksal gehört zu unserem Leben dazu und so auch das Leiden; also hat, wenn das Leben Sinn hat, auch das Leiden Sinn."

Ein ganz anderes Schicksal widerfuhr der Familie Hellwege in Hamburg. Im Jahre 2006 wurde sie jäh aus ihrem glücklichen Leben gerissen. Sie verloren auf schreckliche Weise ihre geliebte Tochter und Schwester, ihre Anna. Die Mutter fand sie vom Lebensgefährten ermordet in der Wohnung.

Ich habe Familie Hellwege als Bestatterin begleitet. Schon damals habe ich sie bewundert für ihre Haltung, die ihnen half, die Tragödie zu überstehen. Die ihnen sogar die Kraft gab, am offenen Grab andere zu trösten. Nur kurze Zeit nach ihrem Verlust gründete die Familie eine Stiftung, die den Namen der Tochter trägt. Sie hat es sich zur Aufgabe gemacht, sich „im Gedenken an die Verstorbene sowie unter Berücksichtigung ihres Schicksals“ für Völkerverständigung und Jugendhilfe zu engagieren.

Oft habe ich mich gefragt, wie sie es damals geschafft haben, nicht unter der Last des Verlusts zusammenzubrechen, ihm sogar etwas Gutes, Hilfreiches entgegenzusetzen. Was genau war es, das sie trug?

Und so habe ich mir während der Arbeit an diesem Buch ein Herz gefasst und den Eltern einen Brief geschrieben. Habe sie gefragt, ob ich sie besuchen darf, ob sie bereit wären, mir zu erzählen, was ihnen damals am meisten geholfen hat? Was sie als am hilfreichsten erlebt haben? Wer die wertvollsten Personen waren in dieser Zeit? Was ihnen trotz allem die Kraft gab, weiterzumachen? Was für sie nach Annas Tod sinnstiftend ist? Was sie anderen trauernden Menschen mitteilen möchten, damit ich es meinen Lesern weitergeben kann? So kam es, dass ich im Frühherbst 2020, kurz vor Annas 14. Todestag, das Ehepaar in seinem Haus besuchte.

Beim Betreten des Wohnzimmers fiel mein Blick auf ein Bild, das die Mutter von ihrer Tochter gemalt hat. Eine Kerze steht davor, die jeden Tag entzündet wird. Dann erzählten die Eltern von dem Tag, an dem das Unfassbare über sie gekommen ist. Wie sie ohnmächtig gezwungen waren, das Unabänderliche anzunehmen.

Sie sprachen über den Tag damals vor vierzehn Jahren, und es klang doch so, als wäre es gestern gewesen. Sie erzählten von der ersten, mit starken Beruhigungsmitteln irgendwie durchwachten Nacht nach ihrem Verlust und von dem Moment, als morgens plötzlich fünfzehn junge Menschen vor ihrem Haus standen. Annas engste Freunde, die abgrundtief traurig und verzweifelt waren.

Da wussten die Eltern plötzlich: Für die müssen wir stark sein. Die brauchen uns jetzt. Für die ist auch eine Welt zusammengebrochen. Denen geht es ja noch schlechter als uns!

Vielleicht half den beiden bereits erlebter Kummer, diese starke Erkenntnis zuzulassen und Verantwortung übernehmen zu können, auch in ihrer allerschwersten Stunde. Und das Wissen, dass ein Weiterleben tatsächlich möglich war, auch nach einem furchtbaren Verlust. Denn sie hatten schon einmal ein Kind verloren – im Alter von einem halben Jahr war der Zwillingsbruder ihres Sohnes gestorben. Der Tod war die Folge eines dramatischen Sauerstoffmangels bei der Geburt. Damals dachte die Mutter, so einen schweren Schicksalsschlag nie wieder überstehen zu können. Und dann?

Dann saß nach dem nächsten schrecklichen Verlust eine befreundete Psychologin vor ihr und sagte eindringlich: „Du schaffst das, Astrid, Du schaffst das!“

Diese drei Worte, die sie danach immer wieder, immer wieder, zu sich selbst sagte: „Ich schaffe das!“

Ob im Supermarkt, wenn sie sich fragte, „Wie kann ich jetzt einkaufen, wie geht das, wie kann ich solche Dinge tun?“, oder wenn das Gefühl der Hilflosigkeit so mächtig wurde, dieses furchtbare Gefühl, das die erste Zeit besonders dominierte.

Die Mutter wusste instinktiv, was für sie hilfreich war: die Hoffnung, das Vertrauen darauf, auch diesen Schlag verkraften zu können. Und: Struktur – ihr Leben mit seinen Abläufen so zu belassen, wie es bis zu dem verhängnisvollen Tag verlaufen war. Aufstehen zur gewohnten Zeit, einkaufen, essen kochen, da sein für andere und für sich.

Sie forderte ihre Freunde auf, über das Unsagbare zu sprechen, weil es ihr so wichtig war: „Das mussten sie aushalten, sie mussten eine Stütze sein. Dafür sind Freunde doch da! Sprechen macht frei, sprechen entlastet, dafür mussten meine Freunde herhalten. Und sie konnten es zum größten Teil sehr gut. Das hat wirklich sehr geholfen.“

Schnell nahm sie ihre Mitarbeit in der Malgruppe wieder auf, auf dem Weg dorthin ließ sie im Auto bei lauter klassischer Musik ihren Tränen freien Lauf: „Ich habe richtig geheult.“ In der Gruppe wurde ihr mit großer Sensibilität und mit Verständnis einfach ein Stück Normalität gewährt, was sie als sehr wohltuend empfunden hat und es noch immer tut, bis heute.

So konnten sie Annas dreißigsten Geburtstag feiern, ohne Anna, aber mit all ihren Freunden. Was für ein Fest. Es wurde gelacht, geweint, getanzt, getrunken, erinnert – gemeinsam ertrug es sich leichter.

Wie Weihnachten. Seit dem ersten Weihnachtsfest kommen bis heute Annas Freunde am ersten Weihnachtstag zu Besuch, dann sind wieder alle füreinander da.

Auch der Todestag wird begangen, Jahr für Jahr. Die Mutter: „Ich kannte so was gar nicht, aber sie helfen so sehr, diese Rituale.“ Die bleibende Nähe zu den Freunden lässt sie alle weiter verbunden sein mit Anna. Das wohl Wichtigste für die beiden ist aber die Sorge für andere. Sie war es von Anfang an, die trug.

Etwas, das dem Vater sehr hilft durch dunkle Stunden, kam von Annas besten Freunden. Sie schenkten ihm ein schön gestaltetes Büchlein, in dem es um seine Tochter und um ihn geht. Sie beschrieben darin Annas besondere Fähigkeiten und hielten fest, dass sie diese von ihm hatte, wie sie ihm in ihrem Wesen so sehr ähnelte. Sie ermutigten ihn, stolz zu sein auf sich, und halfen ihm damit durch den Schmerz. Die Familie organisiert auch jedes Jahr einen Gedenk-Gottesdienst mit der Hamburger Bischöfin, während dessen Vorbereitung für alle Teilnehmer in akribischer Heimarbeit 250 weiße Kerzen mit roten Herzen bestückt werden. Alle Angehörigen können dort von ihren Verlorenen erzählen, jeder wird gehört.

Niels Hellwege besucht oft das Grab seiner Tochter. Er pflegt es liebevoll und kann ihr dort, in dieser besonderen Ruhe auf dem Friedhof, von vielem erzählen, was ihn bewegt. Das tut ihm gut, dort fühlt er sich ihr nah. Vater und Mutter haben das Grab inzwischen so vergrößern lassen, dass beide eines Tages zu ihr und dem kleinen Steffen können. Auch das tröstet sie, diese Gewissheit.

Auf meine Frage an diesem Abend: „Was möchten Sie Menschen mitteilen, die einen Verlust erlitten haben?“, kamen sehr schnell diese Antworten:

„Sortiere, wer Dir guttut und wer nicht!“

„Habe nie ein schlechtes Gewissen, Dir Gutes zu tun!“

„Überwinde Dich, immer Deine Kontakte zu pflegen!“

„Nimm Hilfe an!“

„Behalte Struktur in Deinem Leben!“

„Wende Dich dem Leben zu!“

„Lass Verbindungen nicht abreißen, halte den Kontakt zu Jüngeren!“

„Lass Dir Schmerz abnehmen!“

Besonders die Mutter ist mit dieser inneren Widerstandsfähigkeit gesegnet, deren Bezeichnung „Resilienz“ ihr bis zu diesem Abend unbekannt war. Sie und auch ihr Mann konnten die wichtigen Faktoren nach dem schrecklichen Verlust heilsam für sich einsetzen: Akzeptanz, Optimismus, Selbstwirksamkeit, Verantwortung, Netzwerkorientierung, Lösungsorientierung, Zukunftsorientierung. So konnte ein lebenswertes Leben dank dieser inneren Haltung möglich sein.

Die Mutter gab mir noch dies mit auf den Weg: „Leben ist wie Zeichnen ohne Radiergummi.“ Genauso ist es wohl.

Was war mein Antrieb nach meinen Verlusten? Nun, ganz besonders wohl mein Wunsch, für andere wirksam und hilfreich zu sein. Wie hätte ich meiner Mutter nach dem furchtbaren Verlust ihres Mannes, meines Vaters, nicht zur Seite stehen können? Das war für mich unvorstellbar. Wie hätte ich trauernde Angehörige in unserem Bestattungsunternehmen abweisen können? Unmöglich. Wie hätte ich meiner Aufgabe als Geschäftsführerin, meiner Verantwortung für die Kollegen nicht mehr nachkommen können? Undenkbar.

Ich hatte damals neben einem „Warum" sicherlich ein stark anerzogenes „Muss" und nur selten ein „Ich will" zu leben. Auf mein Da-Sein, meine Stärke in ihren schwachen Zeiten konnten und können sich Menschen verlassen. Ein längerer Ausfall war nie eine Option. Ich bin gefordert, von mir – für andere.

Heute muss ich feststellen, dass mein wohlwollender Blick für andere häufig verstellt war – für die anderen Menschen neben mir, die ebenso trauerten wie ich, die mit dem Leben und den Verlusten aber nicht so umgehen konnten oder wollten wie ich. Das bedauere ich heute. Vielleicht wäre es manchmal stärker gewesen von mir, auch Schwäche zuzulassen, als stets meinem inneren Antreiber zu gehorchen, diesem „Ich muss immer stark sein".

Manchmal wundere ich mich selbst, wie das geht, wie ich alles schaffe. Die Arbeit, meine Verluste, die Verantwortung, Konflikte, Trauer und Schmerz zu bewältigen, Tag für Tag.

Zum Glück bin ich in solchen Momenten, wenn ich spüre, alleine überfordert zu sein, inzwischen ganz gut in der Lage, mir helfen zu lassen. Etwas, das ich Dir, liebe

Leserin, lieber Leser, auch sehr ans Herz legen möchte.

Ich bemühe mich, mich häufiger vorsorglich unterstützen zu lassen, wenn ich merke, dass besonders belastende Zeiten auf mich zukommen. Wenn mir Kraft, Mut, Beharrlichkeit und Durchhaltevermögen abhanden kommen. Ich gebe dann nach Möglichkeit Verantwortung ab oder teile sie. Sehr gut helfen mir in solchen Phasen mein Mann oder Freunde und Menschen, die mir nahestehen und denen ich mich anvertrauen kann. Eine große Hilfe sind mein Coach und andere Ratgeber, die meine Situation von außen viel besser analysieren können als ich, mittendrin in meinem Trubel. Sie geben mir wertvolle Unterstützung, die ich gern annehme. Sie bauen meinen eigenen Wunsch auf, mich wieder besser zu fühlen. Lassen mich erkennen, dass die jeweilige Situation, in der ich mich gerade befinde, dieselbe ist – ob ich mich dabei niedergeschlagen fühle oder nicht. Und dass ich sie leichter angehen kann, wenn ich mich nicht von negativem Denken beherrschen lasse, sondern aktiv und kreativ werde. Inzwischen weiß ich, dass nur dort, wo Aktivität ist, sich Veränderungsmöglichkeit zum Besseren ergibt.

Was Dir jetzt hilft, Deinem Leben trotz aller Widrigkeiten Sinn zu verleihen, liegt an Deinen Fähigkeiten, Interessen, Begabungen, Deinem Wesen, an der Einstellung zu Dir selbst und zu anderen. Was könnte jetzt Deine Aufgabe sein?

Was könntest Du tun, erschaffen, erlernen, weitergeben? Wem könntest Du Dich liebevoll zuwenden?

Wem könntest Du Zuneigung und Aufmerksamkeit schenken? Was könntest Du erleben, in der Natur, kulturell oder künstlerisch?

Frankl berichtet von einer Studie, die beweist: Den größten Respekt haben wir nicht vor dem großen Forscher, dem bedeutenden Politiker, dem berühmten Künstler, dem bekannten Sportler, sondern vor Menschen, die ein schweres Schicksal meistern und die sich unter großen persönlichen Opfern für andere einsetzen und einander helfen.

Auch Du kannst noch so viel Schönes erleben und so viel weitergeben. Gib dem Leben Deinen Sinn – gerade jetzt. Ich wünsche es Dir von Herzen.

Über die Hoffnung

„Hoffnung hilft dabei, sich mit einem zunehmend guten Gefühl in der Gegenwart auf den Weg in eine noch bessere Zukunft zu machen. Die Hoffnung ist vergleichbar mit dem ersten staunenden Gefühl der Verliebtheit, die eine Erfüllung verspricht, die es im bisherigen Leben noch nicht gegeben hat. Dennoch enthält sie keineswegs den manchmal negativ wahrgenommenen Beigeschmack des ‚Sich-etwas-schön-Redens' oder der rosarot gefärbten Brille. Sie ähnelt vielmehr dem vorgestellten ersten Lichtstrahl des Sonnenaufgangs, der jeder noch so dunklen Nacht garantiert folgen wird."
Dan Short, Claudia Weinspach: Hoffnung und Resilienz

Wenn Dir einmal der hoffnungsvolle Blick auf Dein zukünftiges Leben abhanden kommt, dann kann Dir dieser kleine Moment des Innehaltens helfen. Er erinnert Dich daran, worauf es jetzt ankommt: Ein kostbares

L E B E N nach Deinem Verlust

L – Lächeln
E – Einatmen
B – Bewusst werden
E – Erinnern
N – Nicken

Gewöhne Dir diese kleine Übung an, wenn es Dir nicht gut geht und Du Dich selbst innerlich aufbauen möchtest:

Du **lächelst** in Dich hinein, **atmest** tief ein und aus, wirst Dir **bewusst**, was Du schon alles bis hierhin geschafft hast, **erinnerst** Dich, dass die Krise Dich stärken wird, und bestätigst Dir dies mit einem **Nicken**.

Starke Botschaften an Dich

„Wir sind, was wir denken.
Alles, was wir sind, entsteht in unseren Gedanken.
Mit unseren Gedanken formen wir die Welt.“
Siddhartha Gautama – Buddha

Du kannst Dich anders fühlen, wenn Du anders über etwas denkst. Deine Gedanken wecken Deine Gefühle. Versuche, eine negative Gedankenausrichtung in eine positive, zukunftsgewandte zu verwandeln.

Gedanken, die Dir Mut und Hoffnung machen, können Dich stärken und aufbauen. Positiv formulierte, hilfreiche Denkgewohnheiten sind so wirkungsvoll, dass sie Dich tragen können und die Wahrscheinlichkeit tatsächlich erhöhen, dass das, was Du denkst, eintritt.

Ich möchte Dir einige an die Hand geben, die Du Dir aneignen kannst. Oder Du schaffst Dir Deine ganz eigenen positiven Versicherungen, die Deine Gefühle, Deine Einstellung und Dein Verhalten wohltuend prägen können. Sprich Dir selbst ab und zu, ganz bewusst, eine passende Be-JA-hung vor. Schließe dafür die Augen, wenn Du möchtest, und konzentriere Dich auf die Wirkung Deiner Worte:

Ich nehme die Situation so an, wie sie ist.

Ich habe die Kraft, dies durchzustehen.

Ich vertraue meiner Fähigkeit zu heilen.

Ich werde gestärkt aus dieser Zeit hervorgehen.

Wenn andere Menschen einen Verlust gut bewältigt haben, dann schaffe ich es auch.

Ich darf die Vergangenheit ruhen lassen.

Ich verzeihe dir.

Ich verzeihe mir.

Es gibt noch so vieles im Leben, was mir geblieben ist.

Ich werde wieder Freude empfinden können.

Die Zukunft hält noch viel Gutes für mich bereit.

Ich bin dankbar.

Ich schaffe das.

Verwendete Literatur

Frederike Bannink:
„Lösungsfokussierte Fragen"
Hogrefe Verlag, Göttingen 2015

Rutger Bergmann:
„Im Grunde gut – Eine neue Geschichte der Menschheit"
Rowohlt Verlag, Hamburg 2020, 5. Auflage

Pia Callesen mit Anne Mette Futtrup:
„Lebe mehr, grüble weniger – Mit klarem Kopf Niedergeschlagenheit und Depression loswerden"
Beltz Verlag, Weinheim 2020

Viktor E. Frankl:
„... trotzdem Ja zum Leben sagen. Ein Psychologe erlebt das Konzentrationslager"
Pinguin Verlag, Verlagsgruppe Random House, München 2020, 9. Auflage

Viktor E. Frankl:
„Über den Sinn des Lebens"
Beltz Verlag, Weinheim 2020, 2. Auflage

Viktor E. Frankl:
„Wer ein Warum zu leben hat – Lebenssinn und Resilienz"
Beltz Verlag, Weinheim 2020, 3. Auflage

„GFK-Navigator für Gefühle, Emotionen und Stimmungen"
„GFK-Navigator für Bedürfnisse"
Quickfinder DIN-A4 laminiert, Future Pace Media

Lori Gottlieb:
„Vielleicht solltest Du mal mit jemandem darüber reden"
hanserblau im Carl Hanser Verlag, Berlin 2020

Jutta Heller:
„Resilienz – 7 Schlüssel für mehr innere Stärke"
Gräfe und Unzer Verlag, München 2013

Raffael Kalisch:
„Der resiliente Mensch – Wie wir Krisen erleben und bewältigen"
Piper Verlag, München 2020
Darin enthalten die Hinweise auf:
Emmy E. Werner und Ruth S. Smith:
„Vulnerable but Invincible: A Longitudinal Study of Resilient Children and Youth"
Adam Bannister Cox, New York 1989
Mark D. Seery/E. Alison Holman/Roxanne Cohen Silver:
„Whatever does not kill us: Cumulative lifetime adversity, vulnerability, and resilience"
Journal of Personality and Social Psychology, 2010

Verena Kast:
„Trauern – Phasen und Chancen des psychischen Prozesses“
Kreuz Verlag, Freiburg im Breisgau, Neuausgabe 2013

Interessen- und Beziehungs-Landkarte, angelehnt an:
Björn Migge:
„Handbuch Coaching und Beratung“
Anleitung für eine soziometrische Grafik „Ein soziales Atom“
Beltz Verlag, Weinheim 2018, 4. aktualisierte Auflage

Antworten aufs Weh, angelehnt an:
Sylvie Reidlinger und Konstanze Hörburger:
„Es ist, wie es ist – drei Fragen zur Tatsachenresilienz“
Coaching-Tool aus: Coaching Magazin 2019/2, Herausgeber: Christopher Rauen GmbH, Goldenstedt

Marshall B. Rosenberg:
„Gewaltfreie Kommunikation. Eine Sprache des Lebens“
Jungfermann Verlag, Paderborn, überarbeitete und erweiterte Auflage 2016

Dan Short und Claudia Weinspach:
„Hoffnung und Resilienz – Therapeutische Strategien von Milton H. Erickson“
Carl Auer Verlag, Heidelberg 2017, 3. Auflage

Matthias Varga von Kibéd und Insa Sparrer:
„Ganz im Gegenteil. Tetralemmaarbeit und andere Grundformen systemischer Strukturaufstellungen – für Querdenker und solche, die es werden wollen“
Carl Auer Verlag, Heidelberg 2005

Informationen über die Anna-Hellwege-Stiftung:
www.anna-hellwege-stiftung.de

Rituale in der Trauer
Christa Pauls / Uwe Sanneck / Anja Wiese
144 Seiten mit 42 Abbildungen
978-3-8319-0531-7

Rituale sind als Begleiter in der Trauer von unschätzbarem Wert. Sie gehören zum Kulturschatz der Menschheit. Die Autoren stellen ihre Ritualarbeit mit Trauernden in einem von ihnen entwickelten ganzheitlichen Ansatz vor und geben Einblick in die in ihrer Form einzigartige Arbeit mit trauernden Menschen. Trauernden und Menschen, die Trauernde begleiten, bietet das Buch wertvolle Hilfe und vielfältige Anregung. Dass Leben und Tod als Eingang und Ausgang einer Tür zu begreifen sind, macht dieses einfühlsame Buch deutlich.

Woher kommt die Kraft zur Veränderung?
Neue Wege zur Persönlichkeitsentwicklung
Stephan Peeck
312 Seiten
978-3-8319-0222-4

Sich und ihr Leben verändern, das wollen viele Menschen. Doch woher bekommen wir die Kraft dazu, es auch wirklich zu tun? Konkret und lebensnah entfaltet der Autor Methoden, mit denen sich die wichtigsten inneren Kraftquellen zur persönlichen Weiterentwicklung erschließen lassen.
Anhand praxiserprobter Hilfen erklärt er, wie man sich selbst behaupten kann und ein liebevolles Miteinander möglich ist. Wege, wie wir uns wieder neu motivieren und aus unserem Alltag mehr Freude schöpfen können, werden genauso deutlich wie Zugänge zu einem sinnerfüllten Leben.

Licht und Schatten
Alltags- und Anlassgedichte
Amelie Fechner
56 Seiten
978-3-8319-0709-0

Was treibt uns nicht alles um in unseren mittleren Lebensjahren! Momente intensiven Glücks im Familienalltag oder bei festlichen Anlässen gehören ebenso dazu wie Sorge um unsere Liebsten, Trauer nach einem Verlust oder das Hadern mit uns selbst. Wie schön wäre es doch, wenn man perfekte Momente einfach in Flacons abfüllen und konservieren könnte, um sich dann später bei Bedarf in Glück hüllen zu können. Amelie Fechner beschreibt in ihren Gedichten die Bandbreite der Gefühle zwischen Licht und Schatten, die unser Leben durchweben.

Die du bist
Alltagsgedichte
Amelie Fechner
80 Seiten
978-3-8319-0827-1

Nichts ist einfach oder eindimensional. Wir selbst nicht. Und die Welt noch viel weniger, gerade in Pandemie- und Kriegszeiten. Manchmal steht alles Kopf: Wir, wenn wir mal wieder mit uns hadern, die Fantasie mit uns durchbrennt oder komplexe Beziehungen uns herausfordern. Könnte man doch wenigstens Stunden aufpusten wie Ballons, um sie in die besonders schönen Tage zu hängen und diese zu verlängern. In ihrem neuen Gedichtband widmet sich Amelie Fechner einmal mehr den Höhen und Tiefen des alltäglichen Daseins, das in der gegenwärtigen Welt herausfordernder ist denn je.

Begeisterung fürs Leben
Die Kraft deiner Gedanken
Uwe Böschemeyer
160 Seiten
978-3-8319-0529-4

Wir „sehen" nur wenig von dem, was die Gedanken in uns und anderen bewegen. Dabei sind Gedanken eine Großmacht. Sie nehmen Einfluss auf unsere Gefühle, unsere Entscheidungen und unser Handeln. Sich selbst kennen und selbstsicher bejahen, auch allein glücklich sein können, den Sinn im eigenen Leben erkennen und andere Menschen vorurteilsfrei annehmen – der Schlüssel dazu liegt allein in uns und unserer Einstellung.

Das Leben meint mich
Meditationen für den neuen Tag
Uwe Böschemeyer
400 Seiten, 13 Abb.
978-3-8319-0016-9

Das Jahrbuch „Das Leben meint mich“ ist eine starke Herausforderung, das Leben zu bejahen. Dieser Kompaß für die Orientierung im Leben beschreibt, welche Wege zu Sinn und Glück möglich sind.
Es ist mit Herz und Verstand in einer einfachen und emotionalen Sprache geschrieben. Das Buch basiert auf vielen Erfahrungen im Umgang mit Menschen.

Impressum

Bibliografische Information der Deutschen Nationalbibliothek
Die Deutsche Nationalbibliothek verzeichnet diese Publikation in der Deutschen Nationalbibliografie; detaillierte bibliografische Daten sind im Internet über http://dnb.d-nb.de abrufbar.

ISBN 978-3-8319-0795-3

2. Auflage 2024

Titelfoto: stock.adobe.com
Text: Heidi Anicic, Hamburg
Lektorat: Dr. Werner Irro, Hamburg
Gestaltung: BrücknerAping, Büro für Gestaltung, Bremen
Gesamtherstellung: CPI books GmbH, Leck

www.ellert-richter.de
www.facebook.com/EllertRichterVerlag
www.instagram.com/ellert_richter_verlag